FLORES PARA SANAR TU INTERIOR

Inteligencia Emocional, Autoconfianza y Flores de Bach para ayudarte a Emprender

Francis González

ISBN: 978-1-963744-34-7

Asesoramiento y Metodología sobre la creación del Libro:
Lioc Editorial

Hay algo que quiero compartir contigo...

Haz clic en el enlace o utiliza tu móvil para acceder a través del QR:

https://esc.anea.me/francis_bienvenida

Puedes descargar el Audiolibro
leído por el autor, en la última página.

Totalmente gratis

AGRADECIMIENTOS

Este libro es un reflejo de los caminos que he recorrido y de las almas que me han acompañado. Agradezco profundamente a todas las personas que, de una manera u otra, han formado parte de este viaje.

En primer lugar, a mi familia, por ser el pilar en el que siempre me he apoyado. A mis padres, que me enseñaron la importancia del amor incondicional y la perseverancia en los momentos más oscuros. A mis hermanos y hermanas, por sus palabras de aliento y paciencia, incluso cuando las tormentas interiores parecían incesantes.

A mis amigos y seres queridos, quienes han sido un espejo de mi propio ser. Su luz ha iluminado mi camino, incluso cuando la duda me invadía. Gracias por escucharme, por comprenderme y por recordar lo que a veces yo olvidaba: que siempre hay esperanza, incluso en los momentos más inciertos.

A los maestros espirituales y guías que me han inspirado con su sabiduría y compasión. Gracias por abrirme los ojos a las verdades más profundas, por recordarme que el crecimiento espiritual no es un destino, sino un viaje continuo de autoconocimiento y transformación.

A mis lectores y lectoras, por darme la oportunidad de compartir mis reflexiones y experiencias; gracias por confiar en este libro como una herramienta en su propio camino de sanación y despertar. Sin duda, no hubiera sido posible sin la dedicación y profesionalismo de todo el equipo que compone LIOC Editorial, mi editorial de confianza, y especialmente a aquellos que, con su buen hacer, escucha y paciencia confiaron en mi capacidad y habilidad para llevarlo a cabo, aun en las dificultades que pudieran aparecer a lo largo de esta aventura.

Y, por último, pero no menos importante, agradezco al universo por las lecciones, los desafíos y bendiciones que me han moldeado. Cada obstáculo fue una oportunidad para aprender, cada dolor, un recordatorio de la capacidad infinita de sanación, y cada momento de paz, un reflejo de la luz que reside en todos nosotros.

Gracias por ser parte de esta aventura. Que este libro sea una humilde guía en tu propio viaje hacia la plenitud y el despertar interior en el camino de la Autoconfianza y el Propósito de tu vida.

Con gratitud infinita,
Francis González

ÍNDICE

PRÓLOGO

Hay un momento en el que tapas tu cara, tus manos y sale un suspiro hondo y profundo como las simas que hay bajo el océano. Un momento clave en el que te hartas de luchar, de estar siempre viviendo entre conflicto y conflicto, de estar continuamente bajando y bajando. Un instante en el que piensas que ya basta, que no importa lo que el mundo espera de ti, porque tú eres lo más importante del universo, porque sin ti no habría nada, porque eres mucho más que el itinerario que desde pequeña te han dicho que debes seguir para tener éxito. Además, ¿qué es el éxito? Tal vez parar el tren un segundo, tomar aire puro y limpio y experimentar el momento en el que sabes con certeza que eres más que suficiente, que a la vida hay que decirle que sí, que estás aquí para hacer algo grande.

En un momento así leí este libro que ahora tienes entre las manos.

Y, te soy sincera, mi expectativa al enfrentarme a estas páginas era ver algo de luz entre los nubarrones, quizá alguna indicación de hacia dónde ir, un primer empujón, poco más. Pero la lectura superó con creces cuanto yo esperaba. Siguiendo las palabras de Francis, aprendí a confiar en mí, a quitarme la losa de encima en la que se asentaban todos mis miedos, todas aquellas creencias limitantes autoimpuestas que solo servían para lastrar mi caminar. Su manera de entender la vida, el éxito y el emprendimiento, asumiendo que hay momentos duros, pero que vivir es avanzar, abrirse a la idea de que somos energía y que esa energía puede vibrar con tanta fuerza que tus sueños dejen de ser ilusiones para convertirse en objetivos.

En este libro, esta carta de amor que Francis ha escrito a la vida y a todas aquellas mujeres que desean cambiar su situación y ser dueñas de su propio destino, queda claro un potente concepto: la felicidad, la abundancia y el éxito no comienzan fuera, sino dentro de una misma.

Porque la vida es movimiento.

Quizás tú también has sentido que el mundo, tal como lo conocías, ya no es suficiente y que es hora de dar un giro que te lleve hacia una versión mejorada de ti misma. Este libro es una invitación a explorar precisamente ese viaje interior y exterior, un viaje hacia el corazón del amor propio y el poder de manifestar tus sueños. Una guía para descubrir cómo la confianza en ti puede ser el motor que impulse cada uno de tus pasos hacia el éxito.

Hablar de confianza no es simplemente hablar de un concepto abstracto, sino que es sumergirse en la esencia misma de lo que somos y cómo nos vemos a nosotras mismas. A lo largo de mi experiencia leyendo este libro he aprendido que la autoconfianza no solo se construye, sino que se cultiva, se nutre y se transforma a través de la comprensión profunda de nuestro propio ser.

Aquí, Francis comparte sus experiencias personales y profesionales, la búsqueda constante de su propia confianza y el proceso de autoconocimiento que le ha permitido descubrir y potenciar sus talentos únicos. Salpimentando todo el camino con calidez y empatía, en una travesía llena de emociones y desafíos. Durante sus líneas y párrafos, te sientes acompañada, guiada por una mano amiga que ha vivido momentos muy duros de los que ha aprendido a dejar el miedo al margen y a decir sí a la vida. Francis sabe de lo que habla y, no solo porque sea una profesional, sino porque ella ya ha transitado el camino que propone en este libro, lo ha vivido en sus propias carnes, en cada una de sus células.

Al comenzar a leer, verás cómo la autora te lleva a explorar la forma en la que la autoconfianza se convierte en una herramienta poderosa para crear y manifestar tus sueños. Sentirás de forma natural que la creencia en ti misma y en tus capacidades es clave para atraer las oportunidades y personas que necesitas para alcanzar tus metas.

Pero este viaje no es solo acerca de aprender a confiar en ti, sino también de comprender cómo valorarte puede transformar tu vida en todos sus aspectos. A lo largo del libro, Francis te invita a reflexionar sobre tus propias experiencias y a bucear en las profundidades de tu ser para descubrir qué te motiva, qué te limita y cómo puedes superar esos obstáculos.

Así que, sin más, te animo a descubrir estas páginas con la mente abierta y el corazón dispuesto a explorar. Permítete sumergirte en el proceso de autodescubrimiento y transformación que te ofrece. Este libro es tu compañero en el camino hacia una vida plena, llena de confianza, éxito y realización personal.

Este es el momento, el instante, en el que das ese primer paso hacia delante.

María Sierra Fernández
Office Manager RR. HH.

Capítulo 1

LA AUTOCONFIANZA

"Si confías en ti mismo, también inspiras confianza en los demás".
Johann Wolfgang von Goethe

Hablemos de confianza

Si le preguntamos a cualquier persona que nos defina lo que es para ella la "confianza en uno mismo", encontraremos una multitud de respuestas adaptadas a su propia experiencia vital. Sobre todo en relación con los vínculos que haya establecido con los demás, especialmente con la familia, los amigos y su pareja sentimental. Sin embargo, rara es la ocasión en que una persona define este concepto como una cuestión relacionada exclusivamente con la autopercepción. Es decir, cómo se ve, cómo piensa en sí misma esa persona.

Fue precisamente esto lo que me animó a escribir y compartir mis experiencias personales y profesionales aquí, en este libro que ahora tienes entre las manos. Esa búsqueda de mi propia confianza personalizada es un proceso de autoconocimiento para descubrir y fomentar mis propias capacidades y talentos. Todas las cualidades que, en definitiva, me convierten en una persona única con mucho que entregar a los demás. El desarrollo personal siempre ha sido un motor que me ha motivado a seguir hacia delante, a superarme y a lograr vencer en las batallas, grandes o pequeñas, del día a día. Porque los retos están para enfrentarlos y aprender en el proceso, comprendiendo mejor el enorme poder de nuestra inteligencia emocional.

No obstante, a fin de comenzar esa búsqueda para conocerme mejor a mí misma, tuve que bucear por la memoria, evocando recuerdos y emociones que creía dormidas. Fui bajando capas y capas en el océano de mi mente, hasta encontrar mis primeros vínculos, los lazos construidos durante la infancia. Y la primera relación que recuerdo es con mi madre, una unión tan profunda que da forma a mi desarrollo en mis primeros años, y que todavía influye en quien soy a día de hoy. Fui parte de ella, nací unida a ella, y crecí siempre girando en torno a ella.

Este primer vínculo es el más importante de cualquier persona, una conexión que condiciona el desarrollo y la evolución de los primeros años, y por extensión, del resto de la vida. Es por eso que, a la hora de desarrollar este libro, quiero enfocarme en esa figura materna que es cuidadora a su vez. Una figura con la que me siento identificada, pues es precisamente mi caso, y desde la que puedo hablar a través de la experiencia. Nada más lejos de mi intención el hacer aquí una tesis explicativa de la evolución biológica, del primer año de vida del bebé en relación con la madre.

La búsqueda de la autoconfianza es un camino pavimentado de emociones. Lo que sentimos, cómo lo sentimos y qué hacemos para gestionarlo, es de lo que deriva toda la carga educativa, social y cultural que conforma nuestras vidas. Es más, me atrevería a decir que el aspecto religioso y económico de cualquier sociedad también es parte del potencial de las emociones. Así, más allá de ocuparnos en definir lo que significa la confianza en términos cognitivos o semánticos, la intención de este libro es contribuir a tratar el tema desde su lado más práctico. Pero, sobre todo, tiene como objetivo aprender a conocernos mejor a nosotros mismos, poniendo remedio a todo lo que ensombrece e intercede en el buen y saludable funcionamiento de nuestra confianza. Una confianza que comienza dentro de nosotros mismos, que debe cuidarse, mimarse y empoderarse, para luego salir y conectar con los demás. Al fin y al cabo, las personas somos animales sociales que se necesitan los unos a los otros. Si lo que sientes dentro de ti está en orden, podrás ofrecer a los demás un vínculo férreo, inquebrantable, de plena confianza.

La confianza como habilidad para creer

En términos biológicos, la confianza se puede entender como la virtud o cualidad innata del ser humano para relacionarse con sus semejantes. Sin embargo, todos sabemos que, en mayor o menor medida, esto está muy lejos de la realidad. Empecemos por considerar la confianza como una buena amiga, que se instala dentro de nosotros mismos. Le ofrecemos nuestro cuerpo y nuestra mente como hogar, un lugar en el que alojarse, confortable y seguro. Poco a poco, ella se va adaptando a su nuevo hábitat y nos va ayudando a relacionarnos con el exterior. Permanece junto a nosotros mientras enfrentamos miedos y retos, y nos transmite a través de los sentidos y sensaciones físicas el valor necesario para hacerlo. Se hace eco de nuestra percepción mental y emocional, y en función de estas, su poder aumentará o disminuirá. Si la cuidamos, nos ayudará a creer que podemos superarnos cada día. Si la desatendemos, la fe en nuestras capacidades irá menguando hasta casi desaparecer. Y eso es un problema grave.

Para que te hagas una idea de lo importante que es creer: desde el prisma de la inteligencia espiritual, tu capacidad de identificación (o más concretamente, de creer), es una de las herramientas más poderosas de que dispones. Cuando crees que algo es posible en la vida, esta cualidad se dispara como un resorte que te empuja a tomar decisiones y a llevar a cabo acciones en pos de que tu visión se haga realidad. Vaya, ¡que te ayuda a caminar hacia tus objetivos! Por el simple hecho de "creer", se empezarán a generar las condiciones necesarias, en forma de personas, situaciones u oportunidades, para la consecución de cualquier meta o sueño que anheles, consciente o inconscientemente.

Por otro lado, si las dudas y la incertidumbre empiezan a aparecer en tu mente, haciéndote creer que esos sueños no están a tu alcance o no son para ti, lo más probable es que ni siquiera des el primer paso para lograr alcanzarlos. Permitirás que entren en tu mente miles de excusas con los dientes muy largos, dispuestas a devorar tu confianza. Tu cabeza se llenará de argumentos que no pararás de repetirte, convenciéndote de que no mereces tocar tus sueños ni con la punta de los dedos, y empezarás a atraer cualquier experiencia que confirme esta misma creencia, instaurándose como una verdad que confirmará tu forma de vida.

Si vamos más allá, las personas estamos predispuestas a aceptar de manera inconsciente que somos las verdaderas y únicas responsables de las circunstancias de nuestra vida. Por suerte o por desgracia, también estamos en la disposición de poderlas cambiar según nuestra percepción de ellas, en esa dualidad que se establece entre si es posible o no para nosotros. Conceptos como el merecimiento, la culpa y la percepción de nuestra propia capacidad para llevar a cabo cualquier acción, son sentimientos que aparecen en nuestra órbita de energía cercana, y que se hacen casi imperceptibles por nuestra parte consciente.

Si lo trasladamos a nuestro mundo más cotidiano, yo creo que todos estaremos de acuerdo en considerar la confianza como un actor fundamental en la salud de nuestras relaciones, en nuestro mundo emocional y mental, trasladado al físico en forma de enfermedades psicosomáticas.

Para mí, la confianza es una moneda de cambio entre el mundo que nos rodea y nuestro propio mundo interno. Una divisa con la que atraer prosperidad y abundancia a todas las áreas de nuestra vida. Con esto en mente, te invito a hacer una reflexión profunda sobre cuándo, cómo y en qué momento empezaste a percibir o ser consciente de que tu confianza ya no era la misma. Tómate un tiempo, respira, y bucea como he buceado yo. Desciende por las corrientes de tu océano personal e intransferible y pregúntate: ¿cuál fue el detonante de que tu confianza se resintiese?

Quizás te estés preguntando qué sentido tiene esta reflexión. Para responderte, diré que estoy segura al cien por cien de que tu grado de confianza te ha traído muchos sufrimientos, decepciones y también muchos aprendizajes, ¿verdad? Esto solo demuestra que, igual que se puede perder del todo, la confianza también puede recuperarse. Esa es la manera más efectiva y saludable de ganar motivación y continuar avanzando por la vida.

Llegado este punto, permíteme que te cuente una breve historia de reflexión que espero que te sirva de ayuda o, como mínimo, de inspiración:

Una Vida Extraordinaria

Había una vez en un pequeño pueblo una joven llamada Estrella, que soñaba con vivir una vida extraordinaria. Siempre había sentido que estaba destinada a hacer cosas grandiosas, pero la duda y la inseguridad la acompañaban constantemente. Un día, la sabia del pueblo le dijo a Estrella: *"La verdadera grandeza no está en lo que haces, sino en cómo te sientes contigo misma mientras lo haces"*. Estas palabras resonaron en el corazón de Estrella, quien decidió emprender un viaje para descubrir su significado más profundo.

Durante su viaje, Estrella conoció a muchas personas exitosas y notables. Sin embargo, también descubrió que la verdadera autoconfianza no radica en la fama o el reconocimiento externo, sino en la fe en sus propias habilidades.

Fue entonces cuando Estrella conoció a Flora, una mujer extraordinaria que irradiaba confianza en cada uno de sus gestos y palabras. Ella le dijo: *"La autoconfianza surge de aceptarte a ti misma por lo que eres, incluso en tus debilidades. Es el reconocimiento de tu valía intrínseca"*.

Con el tiempo, Estrella aprendió que una vida extraordinaria no se basaba en la ausencia de miedo o dudas, sino en la capacidad de enfrentarlos con valentía y seguir adelante. Descubrió que la autoconfianza se construye a través de la perseverancia, la autenticidad y la creencia en una misma, y decidió, en lo más profundo de su corazón, hacer todo lo posible para aprender todo aquello que la llevara a vivir una vida extraordinaria. Iría más allá de sus propias limitaciones autoimpuestas por su experiencia vital con personas y situaciones que hicieron que no se reconociera en su verdadera naturaleza: un ser capaz de aprender a creer en sí misma, sin importar los obstáculos que pudieran aparecer en su camino.

La Confianza para creer y crear lo que deseas

¿Estás cansada de ver que todos progresan en la vida mientras tú permaneces atascada en el ámbito laboral y personal? ¿Harta de escuchar eso de *"confía más en ti misma"*, pero no sabes cómo hacerlo? ¿Te parece que estás desaprovechando tu vida, sintiéndote insegura e incapaz de desarrollar la confianza necesaria en ti misma para perseguir los sueños de independencia emocional y económica que anhelas?

Si tu respuesta a todas estas cuestiones es afirmativa, estás en el lugar correcto y en el momento idóneo. Aquí te planteo un método concreto para desarrollar una confianza extra en ti misma, que te facilite conseguir aquello que anhelas y deseas en concordancia y coherencia con tu propósito vital. Este libro es para ti.

En estas páginas he volcado todo mi bagaje profesional y mi experiencia vital. Una experiencia que he construido a base de aprendizaje, de tropiezos y caídas, también de levantarme y no claudicar. Y es que, por desgracia, esta sociedad no nos enseña cómo creer en nosotras mismas. En su lugar, desde que somos pequeñas, nos dejan solas para descubrirlo por nuestra cuenta, considerando que ya poseemos el gran don llamado "confianza" en nuestro interior desde el nacimiento. A nivel biológico, debería ser así. Sin embargo, los seres humanos también somos animales racionales. Esto hace que adoptemos unas normas, unas estructuras sociales, culturales y mentales para vivir en comunidad y, en teoría, prosperar. No obstante, muchas veces, es esta parte racional la que le pone palos en las ruedas a la confianza, impidiendo que la desarrollemos como es debido. El condicionante cultural cala mucho y, a menudo, dejar que el corazón gobierne en lugar de la razón no es visto con buenos ojos. Algo que, si me preguntas a mí, es privarnos de las alas que tenemos para volar muy alto.

Lo primero en este proceso, es creer que este don existe en ti, que nada debes hacer para desarrollarlo. Sencillamente, debes reconocerlo y descubrirlo en cualquier etapa de la vida, sobre todo en aquella que consiste en ejercer tu libertad de ser lo que quieres ser, tanto a nivel profesional como personal. La confianza existe de manera natural, y su energía resuena en todo cuanto te rodea, emanando de tu cuerpo y de tus emociones, adquiriendo la forma de tu propia voz. Una voz única, dulce pero tenaz, amable pero determinada, cálida pero poderosa. Y para lograr identificarla en tu interior, en estas páginas empezaremos por definir y concretar aquellos elementos que componen la confianza. Siempre con la vista puesta en un proceso de transformación personal, en el que puedas elaborar un nuevo sistema de creencias positivas que sustituya el que ahora te impide avanzar. La razón es lo que nos diferencia de las bestias, pero pensar demasiado y en círculos solo lleva a la quietud y a la desesperación. El corazón es un músculo motor, tiene inercia, tiene pasión. Confía también en él. Avancemos hacia ese cambio que deseas ver en ti misma y en tu entorno.

Los Elementos Naturales de la Confianza

"La mente es un instrumento tan poderoso, puede proporcionarte literalmente todo lo que desees. Pero primero tienes que creer que aquello que quieres es posible. Y creer es una elección. Es simplemente un pensamiento que decides tener una y otra vez hasta que se convierte en automático."

—Jack Canfield, Escritor y Orador Motivacional.

¿Alguna vez te has preguntado cómo funciona la confianza? ¿Podrías explicar por qué una persona es capaz de creer en sus objetivos y hacerlos realidad, mientras que otras están llenas de dudas y son incapaces de progresar? Después de todo, la capacidad de creer no es algo tangible o palpable que se pueda percibir a través de los sentidos. Así que, ¿por qué algunos son capaces de creer en sí mismos y otros no pueden?

Esas preguntas suelen nacer como hiedras llenas de espinas cuando nuestra confianza está en horas bajas. Sin embargo, yo creo que todos nacemos con lo necesario para ejercer nuestro poder personal en la vida a través de expresar nuestro propósito de existir. Nuestra personalidad va fraguándose a medida que crecemos, a través de nuestras decisiones y elecciones, con la intención de adaptarnos lo mejor posible a los requerimientos y presiones sociales y convertirnos en una persona de éxito. Y ahí está, en mi opinión, el primer obstáculo.

¿Qué es el éxito? A menudo supone una imagen enfrentada con nuestros verdaderos anhelos y deseos de vivir una vida plena y feliz con autonomía e independencia. Así pues, empecemos por definir la confianza como una cualidad, don o talento, como la capacidad innata de seguir creyendo en lo que te impulsa a tomar decisiones de cambio. Creer en que debes seguir avanzando, que tu vida es un río de agua cristalina y no una charca de aguas estancadas. Tener fe en aquello que quieres que suceda en tu vida, tanto en el aspecto material como en el espiritual. Sí, hago hincapié en lo espiritual, pues también me parece importante. Si lo pensamos bien, la naturaleza de la confianza funciona así en cualquier ser humano, independientemente de razas, culturas y religiones. Por lo tanto, trasciende lo racional, ¿no te parece?

Al hallarse por encima de los meros pensamientos y ser algo intrínseco a la naturaleza, la confianza nos puede ayudar a lidiar con todo aquello que no nos sirve en nuestra vida actual, como creencias, hábitos no saludables, emociones negativas y pensamientos de incapacidad. También nos provee la valentía de llenar el vacío emocional que han dejado todos esos malos pensamientos con la energía del amor. El cariño por ti misma, el amor propio, es la semilla que debe germinar para luego poder amar a los demás plenamente. Nace en ti, crece dentro de ti y desde ahí sale al exterior. La energía del amor te hace tener la fuerza y el coraje para superar y trascender cualquier situación adversa. Al contrario del miedo, que te paraliza y aprisiona, el amor te permite ser libre en tus decisiones.

Dicho de otro modo, la confianza es la capacidad de centrar la energía del amor en ti, en una idea, en un sentimiento o en una acción que te lleve al lugar en el que quieres estar. Es esa energía la que pone en marcha tu mente, porque tu pensamiento es una actividad que realizas constantemente, pero no necesariamente te conduce a la acción. Hace falta la chispa de la confianza, esa llama que sirva de faro en la oscuridad, esa guía para tus pensamientos.

Pongamos un ejemplo. Ahora mismo voy a pensar en la casa de mis sueños, en cómo me gustaría que fuese. La visualizo como si estuviera viviendo en ella ahora mismo, en el presente. Si acto seguido, empiezo a pensar que es imposible que yo pueda vivir en esa casa, jamás existirá. Evidentemente, los elefantes no pueden volar, por mucho que pensemos que así es. Pero los objetivos y sueños plausibles se alimentan de confianza, de fe en que estos pueden suceder. Piensa en todas las veces que conseguiste algo muy difícil, o que te decían que era imposible de conseguir, y que, con tu esfuerzo y tenacidad, lo lograste. Al hacerlo, saber que puedes conseguirlo se convirtió en una creencia grabada a fuego en ti.

Con todo esto, lo que quiero decir es que tus creencias están enraizadas muy profundamente en tu mente, definen cómo te percibes a ti misma y al mundo que te rodea. Por eso tienen un impacto directo en tus propias elecciones de vida, como, por ejemplo, a aquello a lo que te quieres dedicar profesionalmente, la familia que vas a crear, dónde y en qué lugar vas a vivir y con quién y un largo etcétera. El sistema de creencias que cargamos desde pequeñas a menudo nos hace dudar de nuestras capacidades. Nos hace creer que no estamos a la altura, que perseguir nuestros sueños es arriesgado, peligroso, una tontería o una pérdida de tiempo. Que mejor me quedo como estoy, y "como estoy" es de todo menos feliz.

Por suerte, tus creencias no representan la realidad, aunque sí pueden convertirse en una cárcel si te dejas llevar por un sistema de convicciones obsoletas que solo buscan verte quieta y paralizada, sin llevar a cabo ninguna acción de cambio. Si crees que no lo mereces, si te convences de que no puedes alcanzar tus metas, entonces cumplirás tu propia profecía: la confianza se esfumará y no podrás avanzar. Tu diálogo interno y tus imágenes mentales hacen que esto se perdure en el tiempo de múltiples maneras para validar tus creencias y así boicotear la posibilidad de cambio alguno. Así está programada nuestra mente, nuestros pensamientos pueden anclarnos a una "zona de confort" que, en realidad, detestamos y que nos impide llevar a cabo cualquier cambio a mejor.

"Para tener una verdadera confianza interna y una autoestima duradera, debes saber, sentir y creer que eres suficiente porque esta comprensión es muy importante para la confianza de todo tipo".

—Marisa Peer, Hipnoterapeuta

En mi caso particular, buceando en las corrientes más profundas de mi mente, me doy cuenta de que la relación con mi madre marcó mucho mi vida, sobre todo en cuanto a autoconfianza se refiere. Y esto es algo que nos sucede a todos y a todas en esa etapa temprana de nuestro desarrollo. Mi discurso interno y las imágenes mentales sobre mí misma, basadas en la información que recibía del mundo externo y, concretamente, del vínculo con mi madre, tuvieron el mismo efecto en mí que unas manos ejerciendo presión en cemento húmedo. La excesiva protección, causada por el miedo a que algo malo pudiera sucederme, que obligaba a mi madre a mantenerse en estado de alerta constante, se convirtió en la máxima de mi vida.

¡Cuidado! Debía ser siempre muy prudente, poco audaz. Como ya habrás podido adivinar, esto no favorecía a desarrollar la confianza en mí misma. Esto fue con lo que tuve que lidiar tanto a nivel de relaciones personales como profesionalmente, para aprender a hacerme valer. Este es un claro ejemplo: lo que nos repetimos sin cesar puede acabar convirtiéndose en nuestra realidad. La conversación que tienes contigo misma moldea tu universo interno. Entonces, ¿por qué no empezar a controlar y ser consciente de este diálogo interior y de las imágenes que proyectas de ti misma?

Imagínate que te dices que eres un desastre, o tonta de forma continua. Así es como acabarás percibiéndote, y te llevará a subestimarte a largo plazo, con la consecuencia directa de abandonar o renunciar a tus sueños, y al mismo tiempo retroalimentando tus conductas y sintiéndote mal. Si tus padres o profesores te repiten que no llegarás muy lejos en la vida, lo incorporarás como una supuesta verdad sin darte cuenta.

Lo que decimos es importante, las palabras habladas o pensadas tienen un tremendo poder, una energía transformadora capaz de iluminar una vida u oscurecerla. Por eso, la elección de nuestros pensamientos y nuestras ideas es crucial para deshacernos de un sistema de creencias negativo.

Un ejemplo lo tenemos en investigaciones científicas como el experimento de Masaru Emoto: se afirmaba que las palabras, la música o los pensamientos podían influir en la estructura del agua. Emoto realizó fotografías de cristales de agua supuestamente afectados por palabras o emociones escritas en etiquetas adjuntas a los recipientes de agua y afirmaba que la intención humana podía alterar la estructura molecular del agua.

Emoto congelaba muestras de agua después de exponerlas a diferentes palabras, música e incluso oraciones. Luego, observaba los cristales de hielo, y afirmaba que las exhibidas a palabras positivas o música agradable tenían patrones de cristal más bellos que aquellas expuestas a palabras negativas o música discordante.

Sé muy bien de lo que hablo porque lo he experimentado en mi propia piel. En mi infancia, las críticas de mi madre siempre iban dirigidas hacia la corrección de todo cuanto hacía, acompañadas de una carga muy negativa de juicio y de baja valoración. Si a eso se le añade una escasa o mínima recompensa cuando hacía algo correctamente, como podían ser las elevadas notas de la escuela, todo se agravaba hacia un estado emocional de baja autoestima. Con estos elementos nocivos se generaba al mismo tiempo una idea tóxica de búsqueda de aceptación, perfeccionismo y reconocimiento del exterior en todas las áreas de mi vida. Por suerte, gracias a la confianza pude superar esas creencias arraigadas y generar un nuevo sistema que me ha llevado al éxito en el ámbito profesional y familiar.

El Miedo de Sofía

Había una vez una niña llamada Sofía que vivía con su madre. Desde muy pequeña, Sofía había experimentado una falta de confianza en su madre, debido a un pasado difícil que su madre no había afrontado completamente. Sofía siempre había sentido que su madre estaba distraída, preocupada y distante. Era difícil para ella confiar en que su madre estaría ahí cuando la necesitara. A veces, su madre prometía hacer algo con ella, pero luego se olvidaba o cancelaba los planes sin dar una explicación clara.

Estas experiencias dejaron a Sofía sintiéndose insegura y sin apoyo emocional. Temía mostrarle a su madre sus verdaderos sentimientos y pensamientos, por miedo a ser rechazada o ignorada. En su lugar, se guardaba todo para sí misma, lo que la hacía sentir aún más aislada. Con el tiempo, esta falta de confianza comenzó a afectar su relación con su madre. Sofía se volvió más reservada y distante, evitando cualquier tipo de contacto emocional con ella. A medida que crecía, también comenzó a buscar apoyo y afecto en otros lugares, buscando la atención que no encontraba en su madre. Sin embargo, a pesar de su desconfianza, Sofía siempre anheló la conexión y el amor de su madre. Quería creer que su madre podía cambiar y ser la figura de apoyo que tanto necesitaba. Aunque dudaba, también tenía la esperanza de que algún día su madre demostrara el amor y la confianza que tanto anhelaba.

La historia de Sofía nos muestra cómo la falta de confianza en la infancia puede afectar profundamente la relación con la madre. La confianza es fundamental para establecer la base de una relación saludable y amorosa. En casos como este, puede ser necesario que ambas partes trabajen en la comunicación, la sanación y la construcción de una confianza renovada.

Cómo mantener tu nivel de confianza inquebrantable a largo plazo

El nivel de confianza está directamente relacionado con tu nivel de vibración energética. Me refiero a ese sentimiento de poder interno que la confianza te aporta a nivel espiritual, por encima de cualquier circunstancia que estés viviendo. La utilidad de las afirmaciones positivas para reprogramar mi mente y educar al corazón, la respiración para conectarme en el presente en estado de relajación y el autocuidado físico y emocional de mi cuerpo, son las principales herramientas que he utilizado para lograr un estado de confianza mantenida en el tiempo. No es un proceso que suceda de la noche a la mañana. Más bien, es algo así como un músculo que se va entrenando con los retos del día a día. Además, diferentes terapias artísticas como el baile, la música, la pintura, la decoración de interiores, y la escritura terapéutica, aportan los beneficios de una energía saludable. Esto es importante porque, como digo, la confianza se puede entrenar, y cuanta más vitalidad y alegría le ofrezcas, más resistente será.

La verdadera confianza tiene la energía de la convicción sólida, y del deseo auténtico que se mantiene a lo largo de un periodo prolongado de tiempo. Esta confianza trasciende las dificultades y las decepciones y supera la crítica y el cinismo. La verdadera confianza se da cuando:

- Sabes en lo más profundo de ti que puedes solucionar las cosas y que lo harás.
- Sigues convencido de esa "confianza" durante meses o años y dejas atrás las dudas.
- No dejas que tu entorno se interponga en el camino hacia tus objetivos y mantienes una confianza sólida en ti.

La verdadera confianza no es lo mismo que la arrogancia. No se trata de ser la persona que levanta más la voz de la sala, ni de alardear. Aunque algunas personas puedan parecer muy seguras de sí mismas, eso no significa que hayan aprendido a utilizar el poder de la confianza. Y a la inversa, solo porque alguien no parezca seguro de sí mismo, no significa que no esté utilizando este extrapoder. Una proviene del corazón, y la otra de la mente, como sistema de autodefensa contra las relaciones tóxicas que esconden heridas emocionales, para no demostrar la vulnerabilidad hacia los demás por miedo al rechazo o a la soledad.

FACTORES DE UNA VERDADERA CONFIANZA

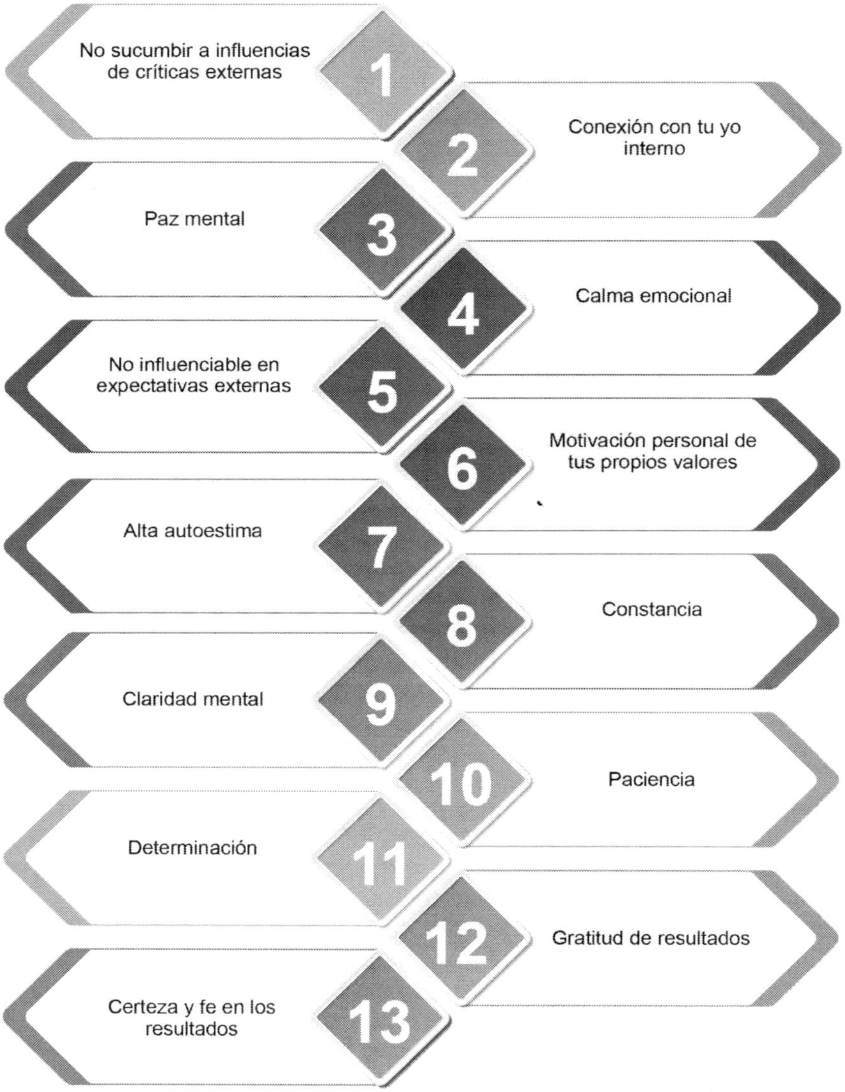

No se trata de levantar más la voz y demostrar una falsa seguridad. Solo porque alguien no parezca seguro de sí mismo, no significa que no esté utilizando este extrapoder. La verdadera confianza radica en reconectar con tu yo interno, manteniendo la fe sin importar lo que ocurra en el exterior, independientemente de las expectativas grandes o pequeñas que tengas de cómo deberían ser los resultados obtenidos de tu propio trabajo.

Avanzar hacia tus metas con confianza y fe en ti misma es el objetivo de este libro, así como el facilitarte un método para crear esta energía vibratoria de una manera personalizada. El tiempo que transcurra hasta lograrlo dependerá de tu dedicación y entrega, y sobre todo, del compromiso contigo misma. Pero no hay prisa, vayamos paso a paso.

Primero te propongo que realices un ejercicio revelador. Se trata de que te escribas una carta a tu yo del futuro. Sí, entendiste bien: una carta en la que describas cómo te sientes hoy, qué elementos externos a ti te impiden sentirte plena. Luego, atrévete a soñar y deja también por escrito, a modo de compromiso contigo misma, cómo quieres que sea tu vida dentro de 3, 6 o 9 meses. ¿Cómo te sentirás? ¿Qué habrás superado? ¿Con quién convives?

Este es un ejercicio que te ayudará mucho más de lo que crees. Además, te aseguro que, cuando recibas tu carta dentro de un tiempo, ¡te sorprenderá enormemente!

Crea tu carta a través del siguiente enlace:

https://esc.anea.me/cartamiyofuturo

En este libro, encontrarás una herramienta primordial para conectar con tu voz interior, despejando las malas hierbas del camino. ¡No subestimes lo que puedes conseguir a largo plazo! En unos pocos años, podrías estar en un lugar completamente diferente a nivel físico, mental, económico y espiritual.

Yo también di en su momento ese primer paso, seguí el impulso de dejar aquello que no me beneficiaba atrás. Y hoy, después de varios años, me encuentro liderando este proyecto en concordancia con lo que siento, digo y hago. Todo esto después de superar una enfermedad grave y haber perdido prácticamente la totalidad de mis bienes materiales. Así que te puedo asegurar, con conocimiento de causa, que la decisión de dar el primer paso ha sido lo mejor que podía sucederme en la vida, sin duda alguna.

A lo largo de estas páginas, juntas, descubriremos ese poder que reside en tu interior y revelaremos al mundo lo mucho que vales. Los miedos y las dudas se empequeñecerán ante tu luz. Pensamientos de valor y seguridad te guiarán hacia la vida que mereces. Quiero decirlo una vez más para que quede claro: confiar es inherente a tu naturaleza. Nadie podrá quitarte nunca esa capacidad. Por tanto, es tu responsabilidad emplear tu confianza innata en diseñar la vida que deseas. Si decides asumir el reto, tu trabajo comienza encontrando la forma de desarrollar una confianza inquebrantable. No te menosprecies, abraza este derecho que te pertenece por nacimiento.

La naturaleza de la confianza en una misma

Recuerda, la confianza es una habilidad a la que tienes acceso y que puedes desarrollar al igual que cualquier otra habilidad. Si sigues el proceso correcto, puedes moverte desde un estado de perpetua duda en ti misma, a uno de confianza suprema. ¿Por qué no empezar a practicar esta habilidad para poder diseñar la vida que deseas en los próximos años?

Nunca te podrán quitar la capacidad de creer. Puedes olvidarla, o puede que esté oculta temporalmente bajo tus miedos y dudas. Pero estas malas hierbas se pueden segar y limpiar, para que el terreno de tu confianza sea fértil.

A continuación, te propongo un reto: anota lo que harías ahora mismo si confiaras plenamente en ti misma, si te vieras capaz de lograr tus objetivos y cumplir tus sueños. ¿Lo has hecho?

Bien, ahora revisa lo que has escrito con atención. ¿Tan difícil te parece conseguirlo? ¿Qué te lo impide? Te puedo responder ya mismo: la falta de confianza en ti misma. Sin embargo, durante el instante en que has visualizado la vida que deseas, has liberado una energía abrumadora. Esa energía deberías utilizarla en transformarte a ti misma y, por extensión, en transformar el mundo que te rodea de forma positiva.

Miedos versus claridad mental y determinación

"Debes encontrar el lugar dentro de ti donde nada es imposible."

— Deepak Chopra, Escritor y Orador

Aunque la confianza no se puede medir de forma empírica, sí puede tener efectos tangibles en el mundo. Utiliza tu confianza para influenciar en los demás y crear un efecto mariposa positivo a tu alrededor. Adoptar creencias positivas tiene un impacto en tu forma de pensar, lo que desencadena nuevas emociones y te lleva a llevar a cabo acciones diferentes. A su vez, estas acciones te permiten lograr mejores resultados.

Por ejemplo, si crees que siempre puedes mejorar en todo lo que haces, buscarás formas de mejorar continuamente. Puede que esto se traduzca en pedir la opinión de los demás, modificar tu estrategia, encontrar un mentor o simplemente en intentarlo una vez más. Dado que tu nueva identidad dicta que mejorar es inevitable, seguirás adelante hasta que la realidad se haga evidente y palpable en tu mundo. Por el contrario, si crees que no puedes mejorar, no te esforzarás. Esto, a su vez, reforzará la idea de que no tienes poder. Y dará comienzo una espiral descendente de la que cada vez será más difícil salir.

Otro efecto colateral de las creencias positivas es que tu subconsciente empezará a trabajar para ti. Cuando tienes convicciones sólidas, tu subconsciente se esfuerza por cerrar la brecha que separa tu situación actual de la situación que deseas. Por ejemplo, si estás convencida de que puedes dedicarte a una profesión que te llene, tu subconsciente buscará oportunidades de conseguir que esta creencia se haga realidad. Como resultado, puede que le preguntes a alguien que ama su trabajo, y que este te proporcione algún consejo valioso. O puede que, de repente, se te ocurran soluciones creativas para crear tu profesión ideal o proyecto de emprendimiento personal.

Dicho de otra manera, cuando crees que algo es posible, tu subconsciente empieza a acercar la distancia entre donde estás y dónde te gustaría estar, identificando información valiosa y necesaria que podrías haber pasado por alto. Es por esto que lo primero es tener claro lo que quieres, para propiciar que tu subconsciente te apoye en tus proyectos. De esta forma se convertirá en tu mejor aliado, en vez de tu peor enemigo. Si caminas por el mundo con un sentimiento de confianza tan determinante, continuamente pensarás, te sentirás y actuarás acorde a tus principios y valores. A medida que lo hagas, será mucho más probable que influencies a las personas que te rodean y no a la inversa. Esto se debe a que estarás utilizando el poder de la confianza.

"Para percibir el mundo de manera diferente, debemos estar dispuestos a cambiar nuestro sistema de creencias, dejar el pasado atrás, expandir nuestro sentido del ahora y disolver el miedo en nuestras mentes."

—Gerald Jampolsky, Escritor

Por último, recuerda que el poder de la confianza es lo que nos permite convertir algo intangible (un pensamiento, idea o visión), en algo tangible (un proyecto, negocio o viaje).

Espero de corazón que este primer capítulo haya despertado en ti las ganas de encender la llama de tu confianza, de que su luz ciegue tus miedos e incertidumbres para que tengas el poder de vivir la vida que mereces. En el próximo capítulo te explicaré cómo puedes acceder fácilmente a este poder que habita en ti, y los primeros pasos para que se convierta en una fuerza irresistible.

Capítulo 2

VIBRACIÓN ENERGÉTICA

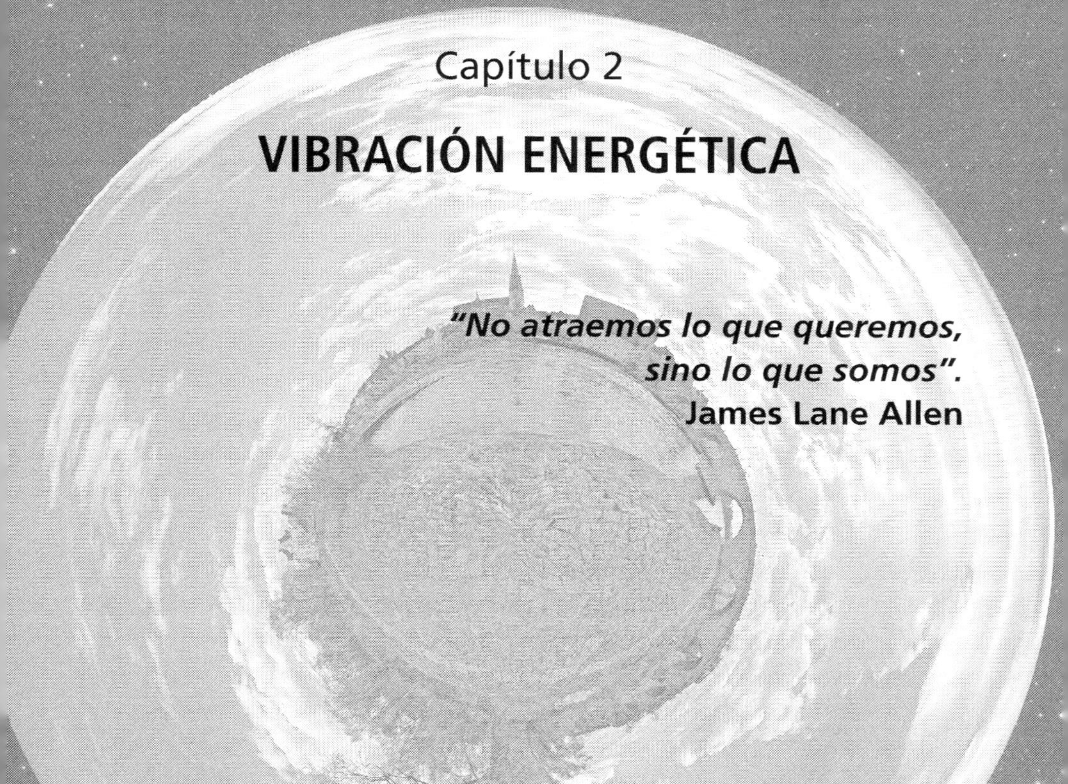

"No atraemos lo que queremos,
sino lo que somos".
James Lane Allen

Una cuestión de vibración energética

Hay preguntas que dan forma a la realidad, y respuestas que la moldean. Así, es normal que en nuestro día a día, bien de forma consciente o de manera más sutil y latente, nos planteemos cuestiones como: ¿cuál es el sentido de la vida? ¿Voy por el buen camino? ¿Funciona como debe mi existencia?

Aunque a priori parecen preguntas muy densas o de difícil solución, son estas cuestiones las que nos hacen avanzar. La búsqueda de respuestas nos lleva por un camino u otro, nos obliga a elegir, a decidir y a ser consecuentes.

Ahora bien, a pesar de que no es sencillo responder esta multitud de dudas, debemos ahondar para tratar de encontrar una resolución a todos esos interrogantes que llevamos atados a la espalda como globos de colores.

Así, quizá debamos poner el foco primero en un aspecto macro para luego centrarnos en lo micro. Es decir, si queremos saber cómo funciona nuestra vida, primero debemos conocer los resortes del universo en términos de energía: frecuencias y vibraciones.

Al fin y al cabo, no dejamos de ser materia unida entre sí a través de la energía y conectada con el cosmos mediante la misma. Todo lo que existe en el universo, incluidas las personas, está compuesto por energía y vibraciones.

En ese sentido, Nikola Tesla, inventor e ingeniero eléctrico del siglo XIX, dijo: "Lo que llamamos materia es energía cuya vibración ha sido muy reducida para que sea perceptible a nuestros sentidos.". Esta frase es importante, porque viene a significar que somos vibración, y esa vibración genera frecuencias o, lo que es lo mismo, sonidos.

Se ha descubierto recientemente que al enviar ultrasonidos dentro de una bola de cristal llena de agua, aparecen pequeñas burbujas emitiendo destellos azulados. Este fenómeno, la sonoluminiscencia es, en efecto, la prueba de que los sonidos tienen una acción sobre el medioambiente y de que ejercen una acción física sobre la materia.

Lejos de mi intención el ponerme científica, y empezar aquí una disertación como si de un capítulo de Cosmos (esa serie donde explican los fenómenos del universo), se tratase. Al contrario, quiero poner el foco en nuestra forma de comprender la vida, en cómo encauzamos nuestro camino. Sin embargo, para llegar ahí sí que necesito hablarte de conceptos importantes y clarificarlos, con el objetivo de hacer que comprendas tu importancia y relevancia en el universo que habitas.

Los sonidos tienen un efecto directo, generan un impacto en el entorno y ejercen una presión sobre nuestros tímpanos, cada uno con su propia vibración y frecuencia. De esta manera, nuestros pensamientos también cuentan con su propia frecuencia, por lo que influyen en nuestro cuerpo y la manera en que desarrollamos nuestra vida. Si fuéramos más conscientes de la influencia y el poder que tienen nuestros pensamientos sobre el mundo que nos rodea y en todo nuestro entorno, tendríamos mucho más cuidado con lo que decimos y hacemos.

Las palabras son importantes, pesan toneladas para bien y para mal. Así, hay veces en que las palabras pueden arrastrar emociones negativas hacia el fondo del mar, liberándonos de ellas. Sin embargo, otras veces su peso puede hundirnos hasta lo más profundo. Es por eso que debemos ser conscientes del juicio que emitimos hacia nosotros mismos o hacia los demás, en forma de pensamientos, emociones o palabras, ya que su impacto moldea y condiciona nuestra realidad interna y externa.

De la misma manera, los lugares donde vivimos, hogares, espacios de trabajo, etc., se ven influenciados por las frecuencias que proyectamos y que rebotan entre sus paredes, entre sus esquinas y recovecos. Así, se va generando un influjo en el ambiente que choca con nuestra propia energía y condiciona nuestra forma de comprender el mundo. ¿Quién no ha trabajado en un sitio donde ha sentido que únicamente hay "malas vibraciones"? ¿O ha estado en una casa donde la tensión se puede cortar porque todo el mundo está enfadado y triste, donde todo son gritos y violencia verbal? Estas sensaciones se deben a esos espacios, en un principio vacíos, se van colmando con la energía que proyectamos en ellos y que se va quedando estancada.

Y es que una vez comprendemos que somos seres compuestos por energía y vibraciones, nuestra actitud hacia cuanto nos rodea cambia. Ahora podemos abordar la vida desde una perspectiva diferente, llegando a soluciones armoniosas y estableciendo objetivos más coherentes con nosotras mismas.

Sabemos que cada palabra, cada acción y cada pensamiento tiene su repercusión en el universo y en el contexto que nos rodea, pura energía que va y vuelve y que da forma a nuestro camino.

Entender esto nos permite adoptar una actitud de aceptación frente a los retos. También de confianza en nuestras capacidades, una confianza que puede reforzarse con palabras de aliento, dichas o pensadas, con el fin de mejorar nuestra calidad de vida.

Ya hemos visto que la frecuencia de nuestros pensamientos puede cambiar hasta nuestro entorno, pero antes de llegar ahí, su energía primero impacta en nuestro interior. Es decir, ¡el efecto a nivel físico es visible!

Si esos pensamientos son positivos, seguramente te sentirás con más energía y decidirás que es el momento de bailar al son de tu destino. En cambio, si se trata de pensamientos negativos y tóxicos, la influencia en tu cuerpo se manifestará en forma de enfermedades de toda índole.

El cuerpo reacciona ante cualquier exposición emocional y mental, incluso a nivel celular. Si esa energía que recibe es negativa, la respuesta del cuerpo consistirá en defenderse. Es ahí cuando aparece la ansiedad, que no es más que el primer paso hacia problemas mayores.

Como ves, todo es energía en constante relación. A veces, pasamos por alto nuestra conexión con el universo. Nos detenemos un segundo, y con la ceja levantada nos preguntamos cosas como: ¿qué tendrá que ver lo que digo con lo que hago, mi forma de vivir la vida, con el Sol, los planetas o las estrellas? ¿Acaso soy un asteroide a punto de colisionar contra un cuerpo celeste?

¡Esas son preguntas con un enfoque erróneo! No se trata de la relación que puedas tener tú con los grandes astros, sino con todo lo que te rodea. El universo no es únicamente el espacio exterior. Somos tú y yo. Tus seres queridos. La gente que coge el metro cada día para ir a trabajar. Los que van a la montaña. Los que prefieren la playa. Y todo ser viviente avanza por su propio camino para cumplir su destino.

Todo cuanto hacemos tiene consecuencias. Ya sabes: acción y reacción. Está en tu mano, en tu manera de relacionarte con tu realidad interna y externa, lograr que esas consecuencias sean positivas o negativas.

No hace falta saber física cuántica para comprender que todo está conectado, y que el vuelo de cien mariposas en tu estómago puede dar lugar a una tempestad en tu mente. Tan solo aprende a hablarte como te mereces, desde la confianza, y actúa en consecuencia.

Como seres compuestos de energía y vibración, tenemos una estrecha relación con el universo, y debemos aprender a aprovechar ese vínculo entre nosotras y todo cuanto nos rodea.

Ahora bien, ¿a qué me refiero exactamente con vibración? Se define como la propagación de energía en forma de ondas que se transmiten a través de estructuras sólidas. La vibración se rige por leyes como la resonancia, la atracción y la repulsión; así ocurre también cuando emitimos emociones positivas como la compasión, el amor y la paz interna.

La vida misma puede entenderse como una vibración dentro de una gama de frecuencias, y cuanto más rápida sea la vibración, mayor es la influencia que tenemos sobre nuestro entorno. Para que lo entiendas mejor, el lápiz que tengo en la mano parece sólido, pero si lo miramos bajo un microscopio, veremos partículas que giran con espacio entre ellas. Estas partículas se mueven lo suficientemente despacio para que el lápiz parezca sólido a simple vista.

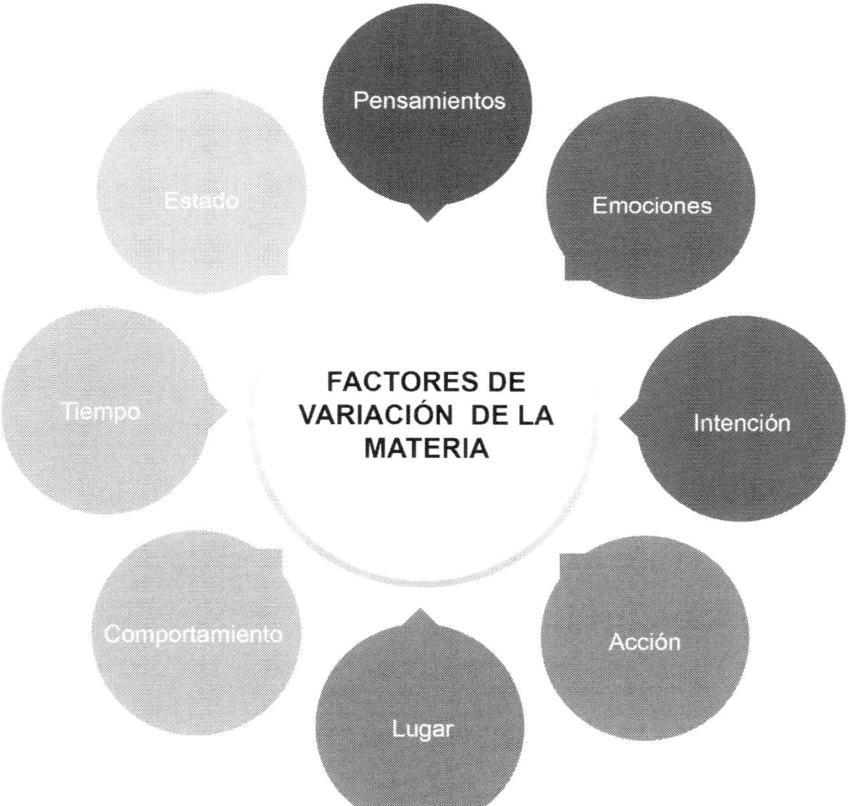

Otro ejemplo de vibración puede encontrarse en la práctica de la meditación. Durante la meditación, la calma y la relajación nos hacen vibrar a un nivel más alto, lo que nos hace sentir menos pesados y nos permite percibir energías como la compasión y la armonización interna y externa.

De todos modos, te indico algunos de los referentes más importantes que apoyan y sugieren todo lo que se relaciona con las teorías vibracionales emocionales, puesto que yo no soy una experta en estas cuestiones, te invitan a reflexionar sobre ello y a seguir explorando más investigaciones al respecto.

Las teorías sobre la vibración y la frecuencia de las emociones a menudo se asocian con la física cuántica y el campo emergente de la medicina energética. Aunque estas ideas son populares en algunas comunidades, es importante señalar que no son ampliamente aceptadas ni respaldadas por la mayoría de los físicos cuánticos tradicionales. Sin embargo, algunas figuras influyentes han explorado conceptos relacionados con la energía, la vibración y la conciencia.

Autoridades importantes en física cuántica y teorías de vibración:

1. Albert Einstein:

- Aunque Einstein no habló directamente sobre la vibración de emociones, su trabajo sobre la energía y la materia ($E=mc^2$) ha sido interpretado por algunos como un respaldo indirecto a la idea de que todo en el universo, incluida la conciencia humana, está interconectado por energía.

2. Niels Bohr:

- Bohr, uno de los pioneros de la mecánica cuántica, introdujo el concepto de que las partículas pueden existir en múltiples estados simultáneamente. Este principio de superposición cuántica ha sido utilizado por algunos teóricos para argumentar que la conciencia y las emociones pueden influir en la realidad física.

3. David Bohm:

- Bohm es conocido por su teoría del "orden implicado", que sugiere que el universo es una totalidad indivisible donde todas las cosas están interconectadas. Su visión holística ha sido citada por quienes creen en la interconexión de la mente, el cuerpo y la energía.

4. Ervin László:

- Filósofo y teórico de sistemas, László ha trabajado en el concepto del "campo Akáshico", una especie de campo de información universal que sostiene todas las formas de energía y conciencia. Sus ideas han influido en las teorías de las vibraciones emocionales.

Rango de frecuencias de las emociones:

La idea de que las emociones tienen frecuencias específicas proviene en gran medida del trabajo de investigadores y practicantes en campos como la medicina energética y la kinesiología aplicada, más que de la física cuántica tradicional. Aquí hay algunas aproximaciones populares:

- Amor: A menudo se cita que el amor vibra a una frecuencia de alrededor de 500 Hz y más alto. Esta frecuencia se asocia con sentimientos de compasión, gratitud y alegría profunda.

- Alegría: Se sugiere que la alegría tiene una frecuencia de alrededor de 540 Hz. Este estado emocional es considerado uno de los más elevados en términos de vibración.

Investigadores en medicina energética:

1. David R. Hawkins:

- En su libro "Power vs. Force", Hawkins propone una escala de conciencia donde las emociones y estados de ser tienen frecuencias medibles. Según su escala, emociones como el amor y la alegría están en los niveles más altos.

2. Masaru Emoto:

- Emoto es conocido por sus experimentos con cristales de agua, donde afirmaba que la intención y las emociones humanas pueden afectar la estructura molecular del agua. Aunque su trabajo es controvertido, ha influido en la percepción popular de la vibración de las emociones.

Conclusión:

Mientras que la idea de que las emociones vibran a diferentes frecuencias tiene raíces en la medicina energética y la psicología, no es una teoría ampliamente respaldada por la física cuántica tradicional. Sin embargo, figuras como David Bohm y Ervin László han explorado conceptos de interconexión y campos de energía que pueden proporcionar una base filosófica para estas ideas.

En el campo de la medicina alternativa, existen varios estudios y teorías que respaldan la idea de que las emociones tienen frecuencias vibratorias específicas y que estas vibraciones pueden influir en nuestra salud y bienestar. A continuación, se presentan algunas de las teorías y autoridades destacadas en este campo:

Estudios y Teorías

1. La Kinesiología Aplicada y el Trabajo del Dr. David R. Hawkins

- Teoría: En su libro "Power vs. Force," el Dr. Hawkins presenta un "mapa de la conciencia" que asocia estados emocionales específicos con niveles de energía medidos en una escala logarítmica de 1 a 1000. Según Hawkins, emociones como el amor, la alegría y la paz tienen frecuencias vibracionales más altas.

- Autoridad: Dr. David R. Hawkins es un psiquiatra y autor reconocido en el campo de la medicina alternativa y la conciencia humana.

2. La Terapia de Bioenergética

- Teoría: La bioenergética sostiene que las emociones y el estado psicológico afectan el flujo de energía en el cuerpo. Las prácticas de bioenergética se centran en liberar bloqueos emocionales para restaurar un flujo energético saludable.

- Autoridad: Alexander Lowen, fundador de la bioenergética, integró conceptos psicológicos con la medicina energética, aunque no especificó frecuencias exactas.

3. La Medicina Vibracional y el Trabajo del Dr. Richard Gerber

- Teoría: En "Medicina Vibracional," el Dr. Richard Gerber explora cómo diferentes modalidades energéticas, como la terapia con cristales y la acupuntura, pueden influir en el cuerpo y la mente a través de la manipulación de frecuencias energéticas.

- Autoridad: Dr. Richard Gerber es un médico y autor conocido por su investigación en medicina energética y vibracional.

4. La Teoría de los Campos Morfogenéticos de Rupert Sheldrake

- Teoría: Sheldrake propone que los campos morfogenéticos influyen en la forma y el comportamiento de los sistemas biológicos y pueden ser afectados por las emociones y pensamientos humanos.

- Autoridad: Rupert Sheldrake es un biólogo y autor cuyas ideas, aunque controvertidas, han tenido un impacto significativo en la medicina alternativa y la teoría de la conciencia.

Autoridades Destacadas

1. Dr. David R. Hawkins

- Contribución: Desarrolló el "mapa de la conciencia" y promovió la idea de que los estados emocionales tienen frecuencias vibracionales específicas.

- Obra Principal: "Power vs. Force"

2. Dr. Richard Gerber

- Contribución: Popularizó la medicina vibracional, explorando cómo diferentes frecuencias pueden influir en la salud y el bienestar.

- Obra Principal: "Medicina Vibracional"

3. Rupert Sheldrake

- Contribución: Desarrolló la teoría de los campos morfogenéticos, proponiendo que los campos energéticos influyen en la biología y la psicología.

- Obra Principal: "A New Science of Life"

4. Dr. Wilhelm Reich

- Contribución: Investigó la energía orgánica, proponiendo que la energía vital afecta tanto la salud física como emocional.

- Obra Principal: "La Función del Orgasmo"

Conclusión

Las teorías de las vibraciones emocionales en la medicina alternativa se basan en la idea de que nuestras emociones y estados mentales pueden influir en nuestras frecuencias energéticas y, por ende, en nuestra salud y bienestar. Si bien estas ideas no están ampliamente aceptadas en la medicina convencional, han sido exploradas y promovidas por varias autoridades en el campo de la medicina alternativa y la conciencia humana. Los estudios y trabajos de figuras como el Dr. David R. Hawkins, Dr. Richard Gerber y Rupert Sheldrake han contribuido significativamente a esta área de conocimiento.

¿Estarás de acuerdo conmigo de que cada ser humano tiene una tasa vibratoria única que define su grado de espiritualidad, su naturaleza y la energía que lo caracteriza? Esta tasa vibratoria influye en cómo interactuamos con el mundo y con los demás, y determina nuestra capacidad para experimentar y expresar emociones positivas.

Llegados a este punto, me gustaría definir a qué me refiero con el concepto de espiritualidad. Para empezar, no es algo ligado necesariamente a la religión, más bien se trata de reconocer nuestro verdadero yo, nuestra esencia, lo que nos hace seguir hacia delante, lo que nos define. La manera más objetiva y universal de tratar este tema es en términos de energía. Por tanto, comprender nuestra espiritualidad como una cualidad natural e intrínseca del ser humano, conectada con todo a través de la energía, es la manera de buscar nuestro lugar en el universo.

En definitiva, la espiritualidad es el descubrimiento de otra dimensión de nosotros mismos, esa parte luminosa, poderosa y maravillosa que solo necesita ser desarrollada a través de nuestra experiencia vital, tanto a nivel personal como profesional.

Cuando entramos en conexión con esta, nuestra esencia natural, estamos un paso más cerca de la libertad. Cuando una logra conocerse a sí misma a través de la reflexión introspectiva, derribando los muros y todos los prejuicios sociales autoimpuestos, es cuando reconoce la valía de sentimientos como el amor, la paz o la generosidad. Una revelación así transforma nuestra realidad interna, nuestra mente, pero también el cuerpo, ya que eleva nuestro estado vibratorio generando más energía. Conquistar las tinieblas que cargamos en nuestro interior, conocernos mejor y aceptarnos, es la base de una conexión sana con el universo. En ese estado, tu intuición se dispara, haciendo crecer tu confianza autopercibida.

Las vibraciones que emitimos constantemente son como ondas que entran en contacto con los lugares, objetos y personas a nuestro alrededor, creando afinidades o rechazos. O lo que es lo mismo, creando atracción o alejándonos.

Esto es importante, porque en última instancia, una vibración energética baja rebosa energía negativa, derivada de emociones como el miedo, la rabia, la ira o el odio. Una vibración así no solo no mejorará tu calidad de vida, sino que será un lastre en la consecución de tus objetivos, llegando incluso a causar problemas de salud.

En cambio, una vibración energética alta supone un buen nivel de autoconfianza y de emociones positivas. La energía que proyectamos es poderosa y transformadora, y así nos la devuelve el universo. Todo cuanto nos rodea se beneficia de esta energía y así el universo entero se retroalimenta con tu vibración transformando tu realidad desde el bienestar.

La capacidad intuitiva de sentir

Una vez puesto sobre la mesa el concepto de que todo tiene su frecuencia vibratoria, quiero hablarte de la atención. Me refiero al foco que ponemos sobre las cosas, el grado de interés que mostramos. La atención que ponemos en cada cosa que hacemos o vemos, a través de los pensamientos y las emociones propias, influye en su valor. De la misma manera, si dejamos de prestar atención a cualquier cosa, sea conceptual o física, entonces perderá su importancia en la visión que tenemos de la realidad.

Imagínate que un objeto, que tiene un especial significado para ti, un día deja de tenerlo porque dejaste de prestarle la atención durante un tiempo. Ahora, cuando vuelves a verlo, ya no parece el mismo objeto, ha perdido su brillo y su valor. No tiene la misma importancia que tenía antes dentro de tu realidad.

Esto, en términos energéticos, viene a significar que todos tenemos un "sexto sentido" más o menos desarrollado. Una capacidad que podríamos definir como una capacidad intuitiva de "sentir" lo que existe, pero no se puede ver con los ojos físicos. En otras palabras, es la aptitud de percibir la energía que nos rodea.

La empatía va muy ligada a esta capacidad, ya que nos permite sentir física y emocionalmente la energía que proyectan los demás. Desarrollarla te otorga la capacidad de alejarse a tiempo de energías negativas, o de insuflar oxígeno a la brillante luz que emana de las emociones positivas.

Al final, se trata de identificar y madurar los sentidos de tu espiritualidad: la intuición, la intención, la visualización e imaginación. Solo tú puedes decidir cuál es tu relación con el universo.

Vibremos como vibra la naturaleza

"El ser humano es parte del todo que llamamos universo, una parte limitada en el tiempo y en el espacio. Está convencido de que él mismo, sus pensamientos, y sus sentimientos, son algo independiente de los demás, una especie de ilusión óptica de su conciencia. Esa ilusión es una cárcel para nosotros, los limita a nuestros deseos personales y a sentir afecto solamente por los pocos que tenemos más cerca. Nuestra tarea tiene que ser liberarnos de esa cárcel, ampliando nuestro círculo de compasión, para abarcar a todos los seres vivos y toda la naturaleza.

Albert Einstein

La gente que tenemos alrededor refleja cómo nos sentimos por dentro. Si estamos rodeados de amigos y familiares amables, es porque emitimos una energía positiva. Lo mismo sucede con las personas que nos caen mal. Es interesante notar que atraemos tanto a personas admirables como a otras que nos molestan. Incluso si no nos gusta admitirlo, las personas que nos irritan pueden enseñarnos algo sobre nosotras mismas y darnos la posibilidad de trabajar en la aceptación y la tolerancia.

Nuestra energía personal influye en las personas que llegan a nuestra vida, incluso en aquellas que no queremos cerca. Por eso es útil mantenernos abiertos a interactuar con personas distintas, ya que pueden enseñarnos lecciones importantes, y ayudarnos a trabajar nuestro nivel energético de autoconfianza.

Es importante entender que nuestras relaciones están conectadas con nuestra propia vibración. Al ser conscientes de esto, podemos atraer relaciones más positivas y enriquecedoras que contribuyan a facilitar nuestro propio autoconocimiento. Solo así podremos superar las debilidades y fortalecer nuestras capacidades y talentos. Esto forma parte del proceso de autoconfianza en nosotras mismas, y en la creencia de que la vida dispondrá de los recursos externos adecuados en el momento preciso. Todo para que podamos desarrollarnos de la mejor manera posible.

Para que te hagas una idea clara, la confianza en ti misma es como abonar la tierra con las semillas adecuadas, para que, con el tiempo, compromiso y dedicación, se puedan recoger frutos exquisitos. Y esos mismos frutos, tendrán nuevas semillas a su vez, que se convertirán en las suculentas frutas de la próxima cosecha.

Aunque la autoconfianza es un proceso cíclico y en constante evolución, es importante que sepas que, en soledad, la vida se vuelve demasiado gris. Las personas somos animales sociales, no podemos cargar con todo el peso del mundo en nuestros hombros. Decía una amiga mía que la vida son cuatro días y de estos, dos llueve. Tenemos que aprender a contar con los demás, con sus experiencias y su positividad, contagiarnos de las ganas de aquellos que buscan la luz del sol. De igual manera, nos conviene alejarnos de aquellos cuya vibración es negativa y solo buscan recrearse en los días densos y nubosos.

En el pasado, la gente necesitaba pertenecer a una tribu para obtener protección, comida y refugio. Pero en la actualidad, lo que buscamos es pertenecer a una tribu formada por amigos y familiares, con el objetivo de pertenecer a una comunidad integrada por personas que resuenen en la misma frecuencia vibratoria que nosotras. Así es nuestra naturaleza. La consciencia del ser humano siempre avanza en la dirección de unir fuerzas y conocimiento. Intentamos conseguir algo que la separación de razas o aspectos culturales, económicos o sociales, no consigue. Otra cosa es que luego, a partir de imposiciones ideológicas, artificiales e independientes a nuestra naturaleza, esta unión no tenga lugar o sea difícil lograrla. No obstante, cuando las almas están naturalmente en resonancia, o vibran a un mismo nivel, se atraen. Ese magnetismo está propiciado por el propósito vital que, aun siendo diferente para cada persona, permite que los caminos se crucen.

Mi travesía por la vida puede coincidir con la tuya. Pero siempre andaré mi camino, nunca el tuyo, y viceversa. Eso no excluye la posibilidad de que nos encontremos en este viaje vital que nos lleva a nuestros destinos, y que compartamos momentos juntas.

Si nuestra vibración es alta, nos encontraremos naturalmente con personas de alta vibración en nuestro camino. Por el contrario, si nuestra energía es baja, nos encontraremos con lugares o personas con similar vibración, y atraeremos dificultades y problemas. La forma en la que percibamos la realidad estará condicionada por nuestra vibración interior. Eso es algo que funciona en ambas direcciones, de dentro a fuera y viceversa. Todos los estímulos de nuestro entorno, y cómo los filtremos, tendrán un efecto directo en nuestras creencias.

Esto es algo que se ve muy claro al ver el noticiario, cuando hablan de catástrofes, o al encontrar malas noticias navegando por las redes sociales. Ahí, la realidad afila los colmillos como un vampiro, dispuesto a dejarnos sin una gota de energía. Las puertas y ventanas de nuestro espíritu deben soportar una granizada atronadora sin romperse. Nos encontramos mal, tenemos lo que solemos llamar "mal cuerpo". Eso es debido a que cada fibra de nuestro ser, cada átomo, está luchando contra ese input negativo. Lo mismo ante unas malas palabras, o al recibir un ataque verbal. Nuestra vibración se pone a la defensiva para conservar su energía.

Con esto en mente, ¡te invito a reflexionar sobre lo que sientes en situaciones generadas por lugares o personas con una clara energía vibratoria negativa! Escribe en un cuaderno cómo te gustaría responder a esos momentos tensos, y qué crees que deberías hacer para revertir la situación. Para ayudarte en tu reflexión, a continuación, encontrarás un breve relato sobre la felicidad y el poder transformador de los estímulos que damos y recibimos.

El Cuento de la Felicidad a Medias

Hace mucho tiempo, en un tranquilo pueblo rodeado de exuberantes bosques, vivía una joven llamada Elena. Aunque tenía todo lo que necesitaba en la vida, siempre se sentía insatisfecha y descontenta. Su corazón parecía estar envuelto en una neblina de tristeza, y ninguna cantidad de posesiones materiales podía disiparla.

Un día, mientras paseaba por el bosque, Elena se encontró con un anciano sabio, que emanaba una energía tranquila y serena. Intrigada por su presencia, se acercó y le preguntó: *"¿Cómo puedo encontrar la verdadera felicidad en mi vida?"*

El anciano sonrió gentilmente y respondió: *"La verdadera felicidad reside en la calidad de tu energía, en tu vibración interior. Si tu energía está llena de negatividad, tristeza y resentimiento, atraerás más de lo mismo a tu vida. Pero si cultivas una vibración de amor, gratitud y alegría, encontrarás la felicidad en todas partes".*

Elena reflexionó sobre las palabras del anciano y decidió embarcarse en un viaje de transformación interior. Comenzó a practicar la gratitud diaria, encontrando belleza en las cosas simples de la vida y expresando aprecio por cada momento. También aprendió a perdonar, librándose del peso del resentimiento que había llevado consigo durante mucho tiempo.

Con el tiempo, la energía de Elena comenzó a cambiar. Su corazón se llenó de luz, y su espíritu se elevó. La tristeza que una vez la envolvía fue reemplazada por una profunda sensación de paz y alegría. A medida que su vibración energética aumentaba, también empezó a notar cambios en su vida externa. Las personas que entraban en contacto con Elena eran atraídas por su positividad y calidez. Se encontró rodeada de amor y apoyo, y las oportunidades parecían fluir hacia ella de forma natural. Descubrió que cuanto más amor y gratitud irradiaba, más amor y gratitud recibía.

Finalmente, Elena entendió que la verdadera felicidad no se encontraba en adquirir más cosas materiales, sino en elevar su vibración energética y vivir la vida desde una posición de amor y gratitud. Y así, con su corazón lleno de luz, caminó por el mundo, compartiendo su brillo con todos los que encontraba en su camino.

Con esta historia **quiero transmitirte la idea de que somos las grandes arquitectas de nuestra propia vida. Y eso es así porque tenemos la oportunidad de generar la frecuencia que queramos.**

No hay nada imposible. Y sé que esto es más fácil decirlo que hacerlo, pero puedo asegurarte que, tras años de experiencia profesional en el ámbito de la psicología, lo único que nos frena son los límites que nos autoimponemos. Esos límites son cadenas de eslabones forjados con la mente, obviando el espíritu y el corazón, y cada eslabón lo componen emociones negativas y palabras de desánimo. A pesar de estas ataduras, podemos romper la crisálida para descubrir que somos preciosas mariposas con la capacidad de volar. Solo debemos aceptar la transformación, dejar a un lado un sistema de creencias obsoleto que no nos representa, y confiar en que podemos lograrlo.

Podemos vibrar en la frecuencia del éxito, en la de la salud o la alegría, alejándonos de las malintencionadas vibraciones negativas. Y eso nos hará sentir en armonía con nuestra esencia, mejorando nuestra salud física y mental. La clave para solucionar cualquier conflicto es, precisamente, pasar de la frecuencia del conflicto a la de la paz y el bienestar, cuidando nuestra vibración mental, emocional y espiritual.

Habrá quien diga que no somos más que motas de polvo, flotando en un cosmos que nos queda grande, que nuestros actos no importan, que todo cuanto hacemos y decimos carece de relevancia. ¡No puedo estar más en desacuerdo! Nuestro tránsito por este planeta y por el universo deja huella. Somos parte de un todo, compuesto por millones de retazos conectados. Lo que suceda en un punto tiene su efecto en el siguiente, y así hasta repercutir en menor o mayor medida en el conjunto.

En nuestras manos abiertas va cayendo la arena que marca el paso de los días. El tiempo pasa, y nuestra vida sigue su curso como un río cuyas aguas irán a parar al inmenso océano. Aprovechemos este regalo misterioso que es la vida. Démosle forma. No lo malgastemos castigándonos o estancándonos en la miseria, vibremos como vibra la naturaleza, conectemos con lo que nos rodea y nos hace bien.

La inteligencia del corazón

He aquí datos que seguro serán de tu máximo interés o como menos sorprendentes, y que no podían faltar para considerar, como menos, la inteligencia tan especial de nuestro corazón.

La idea del corazón como un "segundo cerebro" ha ganado atención en los últimos años, principalmente a través de investigaciones en neurocardiología y psicofisiología. Esta área de estudio explora cómo el corazón y el cerebro se comunican entre sí y cómo el corazón puede influir en la función cerebral y emocional. A continuación, te presento algunos estudios y autoridades destacadas en este campo:

Estudios y Teorías

1. Neurocardiología y el Instituto HeartMath

- Estudios: Investigadores del Instituto HeartMath han llevado a cabo numerosos estudios que sugieren que el corazón envía señales complejas al cerebro, influyendo en los procesos emocionales y cognitivos. Una de sus teorías clave es la "coherencia cardíaca", que se refiere a un estado en el que los ritmos cardíacos son sincronizados y armoniosos, lo cual se asocia con una mayor eficiencia en las funciones cerebrales y un estado emocional positivo.

- Autoridad: HeartMath Institute

2. El Sistema Nervioso Intracardíaco

- Estudios: La investigación ha demostrado que el corazón tiene un sistema nervioso intrínseco complejo, a veces llamado el "cerebro del corazón". Este sistema contiene alrededor de 40.000 neuronas, conocidas como neuronas sensoriales, que permiten al corazón actuar independientemente del cerebro en ciertas funciones.

- Autoridad: El Dr. Andrew Armour, un pionero en el campo de la neurocardiología, ha investigado extensamente sobre este sistema nervioso del corazón.

3. Comunicación Bidireccional entre el Corazón y el Cerebro

- Estudios: Diversos estudios han mostrado que existe una comunicación bidireccional constante entre el corazón y el cerebro a través del sistema nervioso autónomo. Esta comunicación influye en nuestra fisiología, comportamiento y experiencia emocional. Por ejemplo, la variabilidad de la frecuencia cardíaca (VFC) se ha estudiado como un indicador de la interacción entre el corazón y el cerebro y su impacto en el estrés y la salud mental.

- Autoridad: El Dr. Rollin McCraty, director de investigación en el Instituto HeartMath, ha contribuido significativamente a este campo.

4. El Papel de la Oxitocina Producida por el Corazón

- Estudios: Investigaciones han mostrado que el corazón produce oxitocina, conocida como la "hormona del amor", en concentraciones altas, lo cual sugiere que el corazón podría jugar un papel directo en la regulación de emociones y vínculos sociales.

- Autoridad: El Dr. David S. Goldstein del Instituto Nacional del Corazón, los Pulmones y la Sangre ha explorado las funciones endocrinas del corazón.

Contribuciones Clave

1. Instituto HeartMath

- Contribución: A través de su investigación y desarrollo de tecnologías de biofeedback, el Instituto HeartMath ha promovido la idea de la coherencia cardíaca y su importancia para la salud emocional y mental.

- Obras Principales: "Science of the Heart", varios artículos y estudios publicados en revistas científicas.

2. Dr. J. Andrew Armour

- Contribución: Como uno de los principales investigadores en neurocardiología, ha aportado conocimientos cruciales sobre el sistema nervioso intrínseco del corazón y cómo interactúa con el cerebro.

- Obras Principales: Diversos artículos científicos sobre el sistema nervioso del corazón.

3. Dr. Rollin McCraty

- Contribución: Sus estudios sobre la coherencia cardíaca y la variabilidad de la frecuencia cardíaca han ayudado a entender mejor la comunicación entre el corazón y el cerebro.

- Obras Principales: Artículos en revistas científicas y publicaciones del Instituto HeartMath.

4. Dr. David S. Goldstein

- Contribución: Ha investigado la función endocrina del corazón, incluyendo la producción de oxitocina y su impacto en la regulación emocional.

- Obras Principales: Estudios publicados en revistas médicas y científicas.

Conclusión

La idea de que el corazón actúa como un "segundo cerebro" está respaldada por investigaciones en neurocardiología que exploran la compleja interacción entre el corazón y el cerebro. Estas investigaciones han revelado que el corazón tiene su propio sistema nervioso intrínseco y que envía señales que pueden influir en nuestras emociones y procesos cognitivos. Instituciones y figuras como el Instituto HeartMath, Dr. J. Andrew Armour, y Dr. Rollin McCraty han sido fundamentales en avanzar nuestra comprensión de estas dinámicas.

Desde el punto de vista biológico, el corazón envía los impulsos al cerebro. Una vez que el corazón se activa, envía toda la información al cerebro, que comienza el trabajo creativo de razonar.

Nuestro corazón tiene cuarenta mil neuronas, de ahí viene el término "corazonada" para referirnos a algo que intuimos, pero que no hemos identificado con claridad. Por esto también se suele denominar al corazón "el segundo cerebro". Lo que me lleva a plantearme la siguiente cuestión: ¿por qué segundo y no primero? ¿Por qué damos tanto valor a la parte racional e infravaloramos la más visceral?

El corazón, más allá de su función estrictamente biológica, se suele asociar al amor. Si le dijeras a alguien que dibujara en tres segundos el concepto de amar, seguramente dibujaría un corazón. Esto es porque las sensaciones más intensas y viscerales, son representadas con el corazón. Es nuestro órgano motor, el pulso que nos mantiene vivos, el latido de cada una de nuestras añoranzas, deseos y anhelos.

Los dominios del cerebro son la mente y las funciones vitales y por eso parte de su trabajo es decodificar los estímulos externos y entenderlos. Pero la inteligencia del corazón es de otra índole; no sirve para comprender, no busca controlar y planificar. Su impulso es ciego y sordo, primario y potente como el badajo de una campana al golpear rítmicamente el metal. El corazón es la fuerza de la naturaleza, parte de su energía cedida para nuestra existencia. La caja donde guardamos todo lo que somos y todo lo que nos impulsa a seguir hacia delante. El corazón, en definitiva, de tanto latir, ¡transforma el mundo!

Es la conjunción de mente, cuerpo y espíritu lo que moldea la realidad y nuestra vida. Nuestras emociones y pensamientos afectan no solo a nuestro cuerpo, sino también a cuanto nos rodea. Cuando emitimos sentimientos de gratitud y aprecio, esto puede tener un impacto positivo en nuestro entorno, mientras que emociones negativas como el odio o el miedo pueden tener efectos opuestos.

Hoy en día, sabemos que el conocimiento de un individuo no se aloja solo en su cerebro, sino en su campo magnético, y que el cerebro no es más que una computadora que capta información para transmitirla al cuerpo. Y dentro del cuerpo, es el corazón el órgano con mayor pulso electromagnético. Eso es, en cierta manera, el vínculo que nos conecta con el universo. Si el corazón late con una frecuencia de amor, el impulso que reciba será similar. De igual forma, si la frecuencia está viciada por la negatividad, el estímulo que reciba de vuelta será nocivo.

Todas sabemos que dentro de cada objeto hay todo un mundo de moléculas, de partículas atómicas vibrando, y que, si miramos más profundamente, encontraremos las pequeñas partículas subatómicas. Estas diminutas partículas de materia son también ondas de energía. Esto significa que nada nos separa del mundo que nos rodea: todo está conectado.

Gandhi dijo: "No intentes cambiar el mundo, si no aceptas primero cambiar tu opinión sobre el mundo." A lo que se podría añadir: "nada nos aprisiona excepto nuestros pensamientos, nada nos limita excepto nuestros miedos, nada nos obstaculiza excepto nuestras creencias."

A través de estas dos ideas podemos ver que lo que damos es lo que recibiremos, y que en nuestra mano está transformar nuestra realidad. Los límites los ponen los sistemas de creencias impuestos de manera externa. No es información grabada en nuestro ADN, nada determina de forma natural que no podamos hacer aquello que nos hemos propuesto. No existe ningún elemento interno en nuestro ser que nos impida lograr la vida que deseamos. Únicamente los límites artificiales y la educación recibida en la infancia, muchas veces con una lluvia inclemente de estímulos negativos y palabras peyorativas, que nos pillaba sin paraguas y nos calaba hasta los huesos. Esas ideas debemos desterrarlas, y abrazar la espiritualidad que la naturaleza nos brinda.

Debemos vibrar con las frecuencias que nos impelen a hacer cosas, a ser activas en la búsqueda de nuestra felicidad. Por supuesto, eso conlleva evitar frecuencias que nos digan que no podemos porque no somos capaces, que nunca seremos mejores. Nuestras creencias, para ser eficaces y consecuentes con nuestra confianza, deben ir en armonía con el corazón y su latido, también con el cerebro y su interpretación del entorno.

En este punto, quiero hablarte de Bruce Lipton, autor de La biología de las creencias. Para contextualizar, Lipton enseña biología celular en la Facultad de Medicina de la Universidad de Wisconsin. Su labor es investigar sobre la epigénesis, una disciplina científica que explora la influencia del medioambiente en el ADN. Él postula que el entorno al que están sometidas las células es un factor determinante. Las actitudes, las toxinas y los pensamientos negativos, organizan nuestro campo electromagnético activando la hormona del estrés que tanto perjudica a nuestra salud. Lipton también señala que, al exponer las células a buenas vibraciones, en un entorno propicio para el desarrollo de hormonas como la dopamina, la oxitocina o la serotonina, estas pueden llegar a regenerarse. Esto revela una nueva forma de enfocar la medicina moderna, destacando que todos tenemos el poder de influir en nuestra curación.

Fíjate hasta qué punto estamos conectados con todo cuanto existe. No somos meras motas de polvo irrelevantes flotando sin propósito en el espacio sideral. Al contrario, formamos parte de todo el entramado que une los hilos del universo entero.

Con el corazón mandamos señales, con el cerebro comprendemos la realidad y con el espíritu nos conectamos a la naturaleza. Somos parte del todo, y el Todo es parte de nosotras. Lo que hacemos y decimos importa.

Frecuencia de la luz y la salud

No se puede expulsar la oscuridad de una habitación cogiéndola y echándola a la calle, para ello es necesario abrir las ventanas y dejar que entre la luz. Algo similar sucede con nuestro corazón: si las tinieblas se adhieren a sus esquinas latentes, no tiene sentido tratar de deshacerlas gritando y pataleando. Por el contrario, habrá que encontrar una fuente de luz que las elimine.

Siempre asociamos luz a claridad, a la calma y bienestar. Esto es así porque a nivel representativo, la luminosidad nos permite ver con nitidez, nos ayuda a conocer qué hay tras la oscuridad y perder el miedo a lo ignoto.

Sin embargo, nuestra relación con la luz tiene una raíz mucho más profunda, ya que su frecuencia influye en nuestro organismo de forma considerable. La luz también tiene su propia frecuencia, la cual integramos en nuestra propia vibración con la finalidad de mejorar nuestra salud. Es más, hay estudios que abogan a favor de que una enfermedad física, es una obstrucción que no deja pasar las frecuencias de la luz.

Uno de los pioneros en la investigación sobre la influencia lumínica en nuestro cuerpo es el doctor Fritz-Albert Popp, cuyas tesis destacaron la importancia de la luz en el organismo humano. Popp, descubrió en los años setenta, que el ADN absorbe y almacena luz a través de los fotones ultravioleta que inciden en nuestra piel. Además, demostró que el ADN de la parte enferma del cuerpo ya no contiene luz. Por lo tanto, la frecuencia de la luz parece ser un factor importante para nuestra salud.

Su investigación sobre el cáncer resulta prometedora para frenar esta enfermedad. El cáncer es una célula que crece y no recibe la señal para dejar de crecer. En la biología convencional, esta señal es causada por lo que se llama llamado ácido ribonucleico mensajero (ARNm). Como el ADN almacena y absorbe la luz ultravioleta a 380 nm, el doctor Fritz-Albert Popp utilizó esta misma frecuencia para enviar luz ultravioleta al ADN "apagado" para controlar la actividad de la célula cancerosa. El resultado fue la paralización de la proliferación de las células enfermas.

A finales de los noventa también se llevaron a cabo otros experimentos realizados por varios investigadores americanos, canadienses y rusos, en ratas inyectadas con una toxina que destruye el páncreas. Después de unos cuantos días, algunas de las ratas se volvieron diabéticas y murieron, mientras que las que recibieron frecuencias de luz ultravioleta tuvieron sus órganos completamente restaurados en una semana.

Todo esto demuestra la importancia de la luz para la curación y el mantenimiento de una buena salud. Solo tenemos que comprender que la naturaleza nos proporciona las herramientas para sanar y sentirnos bien. La luz está ahí, cada mañana, atravesando la polución, filtrada entre el follaje de los bosques, incidiendo sobre las rocas y las flores que se abren para recibirla. La medicina y la ciencia han logrado mucho, y debemos agradecer a los profesionales que día tras día la hacen evolucionar. Pero no podemos ignorar nuestras raíces, los elementos naturales que pueden ayudarnos en cualquier momento, incluso ser un complemento a la medicina en el camino hacia la recuperación.

El sonido, la luz y nuestra propia vibración en forma de pensamientos, emociones y acciones. Para atraer lo que deseamos a nuestra vida, primero debemos vibrar en consonancia a nuestros objetivos, desde un impulso de alegría y confianza, desde la abundancia y no desde la carencia. Nuestro resplandor depende de nuestro estado de ánimo, de la alegría de vivir o del amor hacia la vida misma. Vibremos por la gratitud, por el agua viva y por los alimentos que tomamos.

Y es que esencialmente somos luz y sonido, además de materia compuesta por los cinco elementos principales: agua, aire, tierra, fuego y éter. Quizás por eso nos sintamos tan profundamente conectadas con la música y con los sonidos de la naturaleza. Tal vez esa sea la razón por la que escuchar melodías nos aporta placer, al igual que el sonido del viento al mover las copas de los árboles, o el trinar de los pájaros por la mañana, nos colma el corazón conectándonos con todo.

Vayamos un paso más allá y no nos quedemos en los pocos matices que nos ofrece la superficie. Lo que vemos es únicamente una parte de lo que es, un pequeño fragmento del universo. Luego está nuestro mundo interior, nuestra espiritualidad y la energía que emitimos y recibimos sin cesar. A estas alturas, ya sabes que me gusta utilizar pequeñas historias para ilustrar mejor todos los conceptos que vamos viendo a lo largo de estas páginas. Te he preparado un cuento breve que profundiza en la importancia de la conexión que compartimos con el mundo que nos rodea, con el universo en su totalidad.

El Cuento del Bosque Encantado y la Fuente Mágica

Había una vez un bosque encantado donde vivían criaturas de todo tipo: desde los árboles más altos hasta las criaturas más diminutas que se escondían entre la maleza. En este bosque, existía una leyenda sobre una fuente mágica escondida en lo más profundo, que concedía a quien bebiera de ella una felicidad eterna.

Un día, una pequeña luciérnaga llamada Luna decidió emprender el viaje hacia la fuente mágica. A medida que se adentraba en el bosque, Luna se encontraba con diferentes seres. Algunos radiaban alegría y luz, mientras que otros parecían estar sumidos en la tristeza y la oscuridad.

En su camino, Luna se encontró con un conejo preocupado por no encontrar suficiente comida para el invierno. A pesar de su desesperación, Luna notó que su energía estaba baja y su luz apenas relucía. Decidió compartir un poco de su propia luz con el conejo, ofreciéndole esperanza y aliento. Al hacerlo, la luz del conejo comenzó a brillar un poco más, y una sonrisa apareció en su rostro agradecido. Más adelante, Luna se encontró con un grupo de pájaros que cantaban melodías tristes. Al acercarse, descubrió que estaban preocupados por el cambio de estación y la partida de algunos de sus compañeros. Luna les recordó la belleza de la música y la importancia de permanecer unidos, compartiendo su luz con ellos. Pronto, los pájaros comenzaron a entonar canciones de esperanza y unidad, sus vibraciones llenaron el bosque con alegría.

Finalmente, Luna llegó a la fuente mágica, cuya agua resplandecía con una luz dorada. Al acercarse, sintió una cálida sensación envolviéndola, pero en lugar de beber, decidió sumergirse en la fuente y compartir su luz con ella. Al hacerlo, la fuente comenzó a brillar aún más intensamente, irradiando felicidad y energía por todo el bosque.

Luna comprendió entonces que la verdadera felicidad no se encuentra en lugares externos o en objetos materiales, sino en la energía que compartimos con los demás y en cómo elegimos vibrar en el mundo. A medida que regresaba a su hogar en el bosque, llevaba consigo el conocimiento de que su luz y su energía podían traer alegría y felicidad a todos los que encontrara en su camino. Y así, el bosque encantado se llenó de una vibración de felicidad que perduró para siempre.

Como puedes ver, nuestro paso por el mundo tiene su impronta, deja huella y marca, conectando con todo y repercutiendo en cada hilo de un enorme entramado. Nuestras palabras, voz y acciones influyen en nosotras y en lo que nos rodea.

Si queremos mejorar nuestra vida y alcanzar los objetivos que nos hemos propuesto, es crucial que entendamos la influencia de la naturaleza en nuestro ser y la aprovechemos para sentirnos bien. A partir de ahí, si nuestra vibración energética emite desde el amor, la autoconfianza y otras emociones positivas, recibiremos lo mismo a cambio. El universo nos devuelve nuestra energía junto al eco del latido de nuestros corazones.

Espero que este capítulo te haya servido de ayuda para entender mejor cómo la conexión entre una misma y el entorno puede transformar la realidad de manera positiva. El estrés, la noción asfixiante del tiempo, el miedo frente a las adversidades y la falta de confianza pueden apagar tu luz y tu frecuencia, pero cuentas con todas las herramientas para brillar y vibrar intensamente. No dudes en hacerlo.

En el próximo capítulo hablaremos de la importancia de la comunicación, tanto a nivel interno como externo, desde mi propia experiencia. Solo deseo que estas páginas resuenen contigo, ¡así que sigamos adelante!

Capítulo 3

EL VÍNCULO CON LA NATURALEZA

"Mira profundamente en la naturaleza y entonces comprenderás mejor todo".
Albert Einstein

Descubre quién eres y observa tus capacidades

Hay algo que deberías saber: tú, como cualquier otro ser en cualquier parte del universo, mereces tu propio amor y afecto. Pero para ello, es necesario hacer un ejercicio de introspección, de sentarte frente a ti misma y hablarte desde el corazón. Decirte lo que deseas sin tapujos, lo que sientes, aquello que te hace bien y lo que te hace mal. Cuáles son tus anhelos y cuáles tus miedos. Debilidades, fortalezas, sueños, esperanzas y heridas. Conocerte de veras, en definitiva. Porque la mayor sabiduría de todas reside en el autoconocimiento. Solo sabiendo de verdad quién eres, serás capaz de comprender tus capacidades y ganar así autoconfianza. Derriba las ocho murallas alrededor de tu corazón, muéstrate a ti misma como eres.

En mi caso personal, el proceso de autoconocimiento comenzó como comienza todo: con un aprendizaje. En un momento en el que debía empezar de cero, descubrí la historia del Dr. Edward Bach y sus remedios florales. Al asomarme un poco a su filosofía, sentí cómo resonaban en mí con fuerza todas sus ideas. Me vi reflejada en sus premisas a un nivel muy profundo, que concordaba con mi propósito vital y mis objetivos a futuro.

Y es que el futuro es esa luz que nos guía en el camino y que siempre queremos alcanzar, un horizonte con mil posibilidades, donde todavía hay espacio para la ilusión y para poder cambiar la dirección de nuestras vidas. El mañana será hoy, y la confianza en nosotras mismas nos servirá de motor. Ahora lo sé, lo tengo grabado en cada fibra de mi ser. No obstante, para llegar a compartir contigo aquí y ahora este pensamiento, el primer paso fue conocer el trabajo del Dr. Bach. Ese fue el detonante que me ha llevado hasta donde estoy, y es por eso que quiero transmitirte su filosofía vital, para que también pueda ayudarte a ti a derribar esa primera piedra que se convertirá en un alud.

Comenzaré con una breve introducción a su historia, y de aquellas ideas con las que me sentí identificada y que me llevaron a continuar investigando. A continuación, te explicaré qué papel jugaron las flores en mi vida y cómo afectaron a mi visión del mundo y de mi propia vida.

Historia del Dr. Edward Bach: conectando con la naturaleza

Edward Bach fue un médico y homeópata británico nacido el 24 de septiembre de 1886 en Moseley, cerca de Birmingham. Es principalmente conocido por su creación de los "remedios florales de Bach", un sistema de medicina alternativa que utiliza esencias de flores para tratar diversas condiciones emocionales y mentales. Su obra ha tenido un impacto duradero en la comunidad de la medicina alternativa y en la forma en que se aborda la salud holística.

Bach estudió medicina en la Universidad de Birmingham y se especializó en bacteriología y patología. Trabajó en el Hospital Universitario de Londres antes de convertirse en un destacado bacteriólogo y homeópata. Sin embargo, a medida que avanzaba en su carrera, comenzó a sentir que la medicina convencional no abordaba adecuadamente las necesidades emocionales y espirituales de sus pacientes.

Esta inquietud lo llevó a investigar más sobre la relación entre la mente, el cuerpo y el espíritu en la salud y la enfermedad. Bach creía que las enfermedades físicas eran manifestaciones de desequilibrios emocionales y mentales subyacentes, y yo estoy totalmente convencida de que tenía razón.

Ya en la década de 1920, Bach decidió abandonar su exitosa práctica médica en Londres para dedicarse por completo a la búsqueda de un enfoque de curación más natural y holístico. Se retiró al campo, donde comenzó a investigar las propiedades curativas de varias flores silvestres y plantas. En 1930 estaba tan entusiasmado con la dirección que había tomado su trabajo, que decidió abandonar su lucrativa consulta de Harley Street y se marchó de Londres con la determinación de dedicar el resto de su vida a un nuevo sistema de medicina. Una cura que estaba seguro de poder encontrar en la naturaleza.

Fue en este periodo cuando descartó los métodos científicos convencionales, pues no creía en su dependencia con los laboratorios, que la consideraba demasiado estrecha. Empezó a dudar de que la química y la venta de fármacos fueran la solución para cualquier malestar. En cambio, se dejó llevar por su intuición como sanador y poco a poco profundizó en el conocimiento sobre la naturaleza y las plantas.

De esta manera, Bach desarrolló un sistema de casi cuarenta remedios florales, cada uno hecho de una flor específica y diseñado para abordar una emoción o estado mental particular. Por ejemplo, la flor de olivo se usa para tratar a personas que luchan contra la fatiga y el agotamiento, mientras que la esencia de mimulus se prescribe para aquellos que experimentan trastornos derivados del miedo o la ansiedad.

Agrimony – Ansiedad	**Mustard** - Depresión
Aspen – Miedos desconocidos	**Oak** – Sobrecarga
Beech – Intolerancia	**Olive** – Agotamiento
Centaury - Sumisión	**Pine** – Culpa
Cerato - Indecisión	**Red Chestnut** – miedo excesivo a que le pase algo a la familia
Cherry Plum – Falta de control	**Rock Rose** - Pánico, fobias
Chestnut Bud – Aprendizaje	**Rock Water** – Resistencia al cambio
Chicory – Dependencia	**Scleranthus** – Inestabilidad
Clematis - Distracción	**Star of Bethlehem** – Trauma
Clabb Apple – Vergüenza, obsesión	**Sweet Chestnut** – Angustia
Elm – Desbordamiento - estrés	**Vervain** – Sobreestimulación
Gentian - Desánimo	**Vine** – Dominancia
Gorse – Desesperanza	**Walnut** - Adaptación
Heather – Llamar la atención	**Water Violet** – Aislamiento
Holly – Rabia, celos, ira	**White Chestnut** – Tortura mental
Hornbean – Pereza	**Wild Oat** – Dudas futuro
Impatiens – Impaciencia	**Wild Rose** - Apatía
Larch – Incapacidad	**Willow** - Resentimiento
Mimulus – Miedo conocido, timidez	

Fue después de años de ensayo y error cuando logró encontrar y perfilar los remedios que buscaba. Llegó el momento de realizar la prueba y confirmar sus teorías. Por fin podría ayudar a las personas desde una perspectiva totalmente natural, lejos de las soluciones químicas y farmacológicas. Así pues, comenzó a tratar pacientes aplicando este nuevo sistema de remedios. Descubrió entonces que, al tratar las personalidades y los sentimientos de sus pacientes, sus desdichas y sufrimientos físicos se aliviaban de manera natural.

En realidad, el doctor demostró que sus remedios, más que curar o eliminar una enfermedad, lo que hacían era desbloquear el potencial de curación de los cuerpos de sus pacientes, permitiendo que volviese a funcionar nuevamente. Esto llevaba a un estado de sanación y recuperación originado desde su interior, desde ellos mismos. Es este concepto el que con más intensidad resuena en mí. La curación está enfocada no como un proceso externo, sino como un desarrollo interno. La exploración de la posibilidad de que sanar no depende tanto de qué medicinas tomemos o qué terapias agresivas invadan nuestro cuerpo. Al contrario, la recuperación tiene su núcleo energético dentro de nosotras mismas, en nuestra naturaleza y espíritu.

Con esto no estoy diciendo que la medicina convencional no sea efectiva o necesaria, y tampoco lo afirmaba así el Dr. Bach. ¡Por supuesto que sus avances han salvado millones de vidas a lo largo de la historia! No obstante, en esa evolución hemos dado la espalda al aspecto más natural de la vida, esa corriente vital que todos llevamos dentro y que, utilizada de forma complementaria, podría mejorar mucho nuestra calidad de vida agilizando el proceso de curación.

Y es que el método de Bach para preparar estos remedios involucraba la fusión de flores en agua de manantial y luego exponer la mezcla resultante a la luz solar durante horas. Creía que este proceso capturaba la energía vital o la "firma" de la flor en el agua, creando así una esencia natural que podía afectar positivamente el equilibrio emocional y mental de una persona.

Fíjate hasta qué punto dedicó su vida al estudio de la medicina natural, que su vida seguía un patrón estacional: de primavera a verano se dedicaba a buscar y preparar los remedios y en el invierno ayudaba y asesoraba a otros interesados en los remedios que la naturaleza provee. La mayoría de los inviernos los pasó en la ciudad costera de Cromer. Allí fue donde conoció y entabló amistad con Victor Bullen, un constructor y sanador local, y alguien importante en la trayectoria del doctor. En 1934 el Dr. Bach se mudó a una casa llamada Mount Vernon en el pueblo Brightwell-cum-Sotwell de Oxfordshire. En aquellos parajes y campos bucólicos fue donde encontró diversos recursos naturales que luego refinó para convertir en remedios que añadir a su sistema. No fue un proceso sencillo, por descontado. Se trata de la obra de toda una vida, investigando y trabajando para propiciar y motivar la curación del cuerpo y la mente desde la naturaleza.

A lo largo de su vida, Bach trató a miles de pacientes y continuó depurando y desarrollando sus remedios florales. Escribió varios libros sobre su trabajo, incluyendo "*Cúrese a usted mismo*" y "*Los doce curadores y otros remedios*". El enfoque de estos libros partía de su filosofía vital de la que te he hablado más arriba: la idea de que, al tratar los desequilibrios emocionales subyacentes, se podía promover la curación física y restaurar la armonía en el cuerpo.

En noviembre de 1936, un año después de anunciar que su investigación sobre los remedios había concluido, falleció en paz mientras dormía. Tenía tan solo cincuenta años, sí, pero logró sobrevivir al pronóstico de sus médicos durante casi veinte años. Como legado, dejó el ejemplo de una vida dedicada a mejorar la salud de las personas y un sistema de medicina que se utiliza hoy en día en todo el mundo.

A partir de su muerte, su trabajo continuó en manos de sus amigos y colegas, Nora Weeks y Víctor Bullen, con instrucciones de mantenerse fieles a la sencillez esencial de lo que había hecho. En una carta a Víctor, fechada un mes antes de su fallecimiento, Bach escribió:

"La gente como nosotros, que ha saboreado la gloria del sacrificio, la gloria de ayudar a nuestros hermanos, una vez que se nos ha dado una joya de tal magnitud, nada puede apartarnos de nuestro camino de amor y de deber para mostrar al mundo su brillo puro y sin adornos."

En honor a su tenacidad y buen hacer, Nora y Víctor se mantuvieron fieles a esos ideales de sencillez con el fin de seguir investigando y compartir los conocimientos de los remedios naturales con todo el mundo, tal y como lo hace el Bach Centre hoy en día.

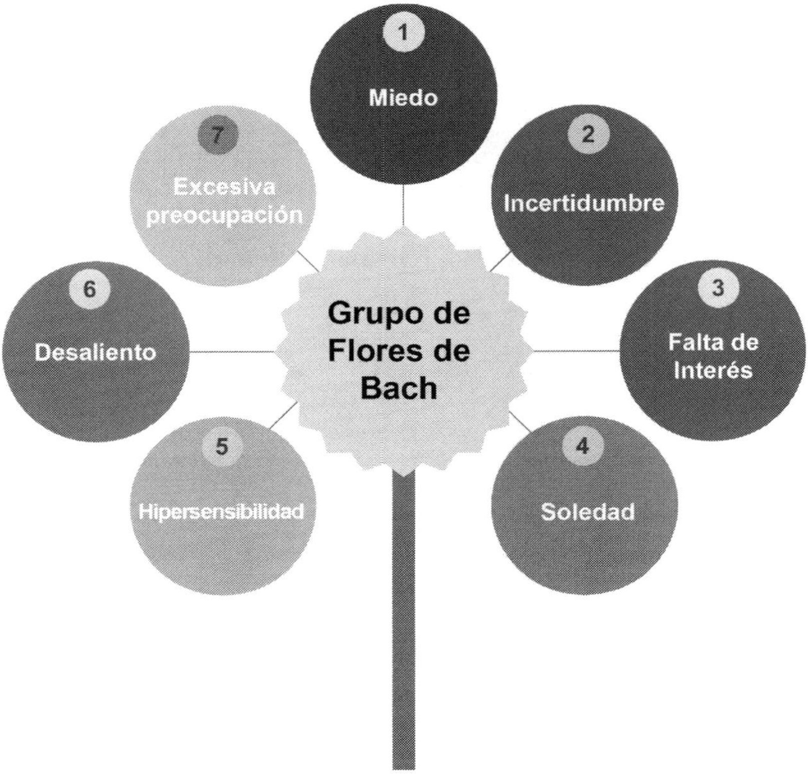

La fuente de la transformación y la autorrealización

Mi conexión con la obra de Bach ocurrió justo en el momento en el que me planteaba mi futuro, de una forma tan profunda como jamás había hecho. En ese instante, estaba parada en un cruce sin saber qué camino tomar. No veía aquellas direcciones como posibilidades para alcanzar mis metas, sino como senderos llenos de confusión y malestar. Así que respiré hondo, busqué dentro de mí, me aferré a mi autoconfianza. Sabía que quería transitar otro camino vital diferente, quería reenfocar mi carrera profesional, dar sentido a cada amanecer. Pero, sobre todo, deseaba bienestar en mi vida personal. Por entonces, consideraba la posibilidad de crear mi propia consulta privada como terapeuta floral, en un pequeño pueblo de la Alpujarra Almeriense. Después de dejar atrás situaciones de pérdidas emocionales y económicas muy importantes, que me causaron un gran dolor y decepción en el terreno de la espiritualidad, pensé que podría ser la opción adecuada.

El estudio de la medicina alternativa y la naturopatía me reconectó con el amor que sentía por la naturaleza, con el valor milenario de las plantas medicinales y la psicología energética que, a su vez, me llevó a sentirme equilibrada, enraizada en mi lugar de pertenencia ancestral. Sobre todo, logré tener la claridad y la determinación necesarias para reconstruir mi camino de vida hacia un sentido permanente y duradero.

Con esa mentalidad y dando el primer paso, me adentré en el mundo de las flores para dar luz a mi verdadera vocación: ayudar a otros a lograr el equilibrio emocional y la búsqueda de un propósito de vida.

De este modo logré conectar con mi "yo" espiritual, y descubrí la energía que me proporcionaba la confianza en mí misma. Esa energía impregnó mi ser, mis motivaciones y mis acciones, reverberando en el exterior y transformándolo.

Descubrí también mis verdaderas capacidades y talentos en el área de la creatividad de la escritura, escribiendo así mi primer libro y publicándolo. Al mismo tiempo, inicié mi gran proyecto de emprendimiento, empezando desde cero; el verdadero sentido de mi vida. Recogí con humildad las vibraciones que la vida me ofrecía después de tanto esfuerzo realizado, enfocando su ímpetu en mi verdadera espiritualidad personal.

Por fin, me conocí a mí misma. Así que pude empezar a caminar. Tomar el sendero más adecuado, sin miedo ni dudas. Ese camino que me llevaba al comienzo de mi futuro, justo al lugar en el que yo quería estar.

Con el tiempo, y gracias a la entrega y dedicación, fui estableciendo conexiones profundas con relaciones que me aportaban una evolución personal en todas las áreas de mi vida, incluida la financiera. Este viaje de transformación personal comenzó con la historia de Bach, que resonó profundamente en mí y me llevó a reflexionar sobre mi propia experiencia.

Cuando descubrí que tenía cáncer de mama, este diagnóstico marcó el inicio de una cuenta atrás que me llevó a una intensa búsqueda de mí misma, y a sanar las heridas emocionales de la infancia que impedían el desarrollo de mi máximo potencial. Mi camino hacia la sanación no solo fue físico, sino también emocional y espiritual, y me impulsó a encontrar la autorrealización en la profesión de ayuda terapéutica.

Durante este proceso, la enseñanza de Bach sobre la energía del amor y la compasión hacia uno mismo me brindó una nueva perspectiva. Aunque las cosas se pusieron difíciles en muchas ocasiones, me mantuve firme gracias a la fuerza y el equilibrio emocional que estas enseñanzas me proporcionaron. Aprendí el poder de la sencillez y de vivir una vida con propósito, lo que me permitió continuar mi preparación y desarrollo personal.

La autoconfianza se convirtió en mi mayor motor, una aliada que me ayudó a profundizar en mi ser y a superar mis desafíos. Este libro es el fruto de todo ese trabajo, y tiene como objetivo compartir el mensaje del arte de la conexión espiritual a través de los árboles y las flores del sistema Bach.

Puedo decir que el amor a la naturaleza, las flores y los árboles me salvaron la vida. Recuperé mi autoestima, la fe en mí misma y la ilusión de caminar hacia un horizonte brillante al conectar con mi propia esencia y mis capacidades. Este equilibrio energético me permitió encontrar armonía y propósito.

Espero que mi historia inspire a otras personas a encontrar su propio camino de sanación y crecimiento personal. La conexión espiritual y el amor a la naturaleza pueden ser fuentes poderosas de transformación y autorrealización. No lo dudes, tampoco dudes de tu fuerza interior. Porque en la vida siempre hay tropiezos y caídas, es inevitable. La diferencia está en aprender a levantarse y continuar hasta lograr conectar con el todo.

Las fases de autodescubrimiento de Luna

Luna es un nombre de diosa, de alguien fuerte que nunca se rinde, capaz de reflejar la luz sin quemarse y de iluminar las noches más oscuras. A través de ella, quiero explicarte el proceso de conexión de nuestro espíritu con la naturaleza, con nuestro lugar de origen. Pues, aunque vivimos vidas sofisticadas a través del raciocinio, no debemos olvidar nuestra esencia primigenia, nuestra conexión con la tierra.

Tal vez pueda parecer que esto no tiene mucho que ver con desear un futuro exitoso y trabajar para lograrlo. Muy al contrario, la clave para alcanzar nuestros objetivos está en cómo percibimos nuestra vida, en la dirección hacia donde la encaminamos. Así pues, comienza el viaje de Luna por sus fases. Coge su mano, acompáñala y siéntete libre de ver tu reflejo en cada uno de sus pasos.

Luna y su conexión interior

En lo profundo del bosque, donde los árboles susurran secretos al viento y las hojas bailan al compás de los suspiros de la naturaleza, vive una joven llamada Luna. Luna, desde pequeña, había sentido una profunda conexión con el mundo que la rodeaba. Para ella, los árboles no eran solo árboles, sino antiguos guardianes de sabiduría, y las flores no eran solo flores, sino mensajeras de emociones.

Un día, mientras paseaba entre los árboles, Luna se encontró con una vieja botella de vidrio. En su interior descubrió una carta amarillenta con palabras escritas a mano. La carta hablaba sobre la importancia de la comunicación con uno mismo, de escuchar la voz interior que a menudo se pierde en el bullicio del mundo exterior.

Luna se quedó pensativa. ¿Cuántas veces había ignorado su voz interior por cumplir las expectativas de los demás? Decidió que era hora de reconectar consigo misma.

En su búsqueda de conexión interior, Luna recordó una vieja receta de su abuela: un elixir de flores de Bach cuyos ingredientes eran Cerato, Clematis y Larch. Estas flores ayudaban a equilibrar las emociones y a conectarse con una misma, lo que le proporcionaría la confianza y la determinación necesarias para estar más centrada en sus tareas. Así, se adentró más en el bosque en busca de las flores necesarias. Después de recolectar las flores, Luna preparó el elixir siguiendo las antiguas instrucciones de su abuela. Mientras lo preparaba, se permitió reflexionar sobre sus sentimientos, sus miedos y sus sueños más profundos. Una vez terminado, Luna se sentó en silencio y tomó una pequeña dosis del elixir. Cerró los ojos y respiró profundamente, dejando que las esencias de las flores la envolvieran y penetraran por todos los poros de su piel hasta llegar a cualquier rincón de su cuerpo. Pronto, una sensación de calma y claridad invadió su ser. Se dio cuenta de que la verdadera comunicación consigo misma no era solo escuchar su voz interior, sino también honrarla y actuar de acuerdo con ella. Desde ese día, Luna hizo de la comunicación consigo misma una prioridad en su vida. Aprendió a escuchar sus emociones, a reconocer sus deseos y a seguir su intuición. Y a medida que lo hacía, encontró una profunda paz y una conexión más fuerte consigo misma y con el mundo que la rodeaba.

Con el paso del tiempo, Luna se convirtió en un faro de luz para aquellos que buscaban encontrar su propio camino hacia la autenticidad y la plenitud. Y mientras caminaba por el bosque, cada vez más personas se acercaban a ella en busca de orientación, inspiradas por su ejemplo de cómo la comunicación consigo misma y el poder de las flores pueden transformar vidas.

Cada encuentro reforzaba en Luna la certeza de que su abuela tenía razón: las flores de Bach no solo equilibraban las emociones, sino que también abrían caminos hacia la verdadera esencia de uno mismo. Así, Luna continuó su viaje, guiada por la sabiduría ancestral y la conexión con su propia voz interior, sabiendo que estaba exactamente donde debía estar.

Luna y la sabiduría interior: priorizando las necesidades propias

En lo profundo del bosque, entre árboles centenarios y senderos cubiertos de musgo, paseaba nuestra querida Luna. Desde pequeña, había derrochado una juventud inquieta, siempre ansiosa por aprender y conectar con la naturaleza que la rodeaba. Luna sentía una conexión especial con el bosque. Pasaba horas caminando entre los árboles, sintiendo el susurro del viento y el canto de los pájaros como melodías que acariciaban su alma. En esos momentos, se sentía completamente en paz.

Un día, mientras deambulaba por el bosque, Luna se detuvo junto a un arroyo cristalino y se sentó en la orilla. Cerró los ojos y se sumergió en su interior, buscando respuestas a las preguntas que habitaban su mente. Sin embargo, algo dentro de ella parecía bloqueado, como si una barrera invisible la separara de su verdadero ser.

Entonces, recordó las palabras de su abuela sobre la importancia de la comunicación consigo misma. Decidió probar un enfoque diferente. Respiró profundamente, inhalando el aroma fresco del bosque, y sacó de su bolsillo un frasco de esencias de flores de Bach que su abuela le había regalado. El frasco de cristal ámbar tenía una diminuta etiqueta blanca con la reconocible caligrafía de su abuela, llena de largos trazos hacia arriba y hacia abajo. Luna sonrió al recordar las tardes que pasaba en la vieja cocina de la casa de campo, aprendiendo a leer y escribir mientras su abuela preparaba sabrosas y esponjosas magdalenas recién salidas del horno.

Con cuidado, Luna eligió unas esencias: Scleranthus, Rock Rose y Pine. Aplicó unas gotas debajo de su lengua, permitiendo que el suave elixir inundara sus sentidos. Cerró los ojos una vez más y se sumergió en un estado de calma y serenidad.

Poco a poco, las barreras internas comenzaron a desvanecerse. Luna se permitió sentir todas las emociones que habían estado latentes en su interior. Reconoció sus miedos, sus dudas y sus anhelos más profundos. Se perdonó por las veces que se había sentido perdida y se prometió a sí misma ser más compasiva en el futuro.

Al abrir los ojos, Luna sintió una renovada sensación de conexión consigo misma y con el mundo que la rodeaba. Se levantó de la orilla del arroyo con una sonrisa en el rostro y continuó su camino por el bosque, sintiéndose más en sintonía consigo misma que nunca.

Desde ese día, Luna comprendió que la verdadera comunicación y sabiduría comienza desde dentro. Aprendió a escuchar la voz de su corazón y a honrar sus necesidades más profundas. Y cada vez que sentía que se alejaba de su verdadero ser, recurría a las esencias de flores de Bach como un recordatorio de la importancia de conectarse consigo misma en un mundo que a menudo nos lleva lejos de nuestro centro.

Luna y los Límites Energéticos: escuchando la voz del propio cuerpo

Luna era conocida por su naturaleza compasiva y su disposición a ayudar a los demás en cualquier situación. Siempre estaba lista para escuchar, brindar apoyo y sacrificar su tiempo y energía por el bienestar ajeno.

Con el paso del tiempo, Luna empezó a sentirse agotada y desgastada. Aunque mostraba sonrisas a los demás, en su interior sentía un vacío y una desconexión crecientes. Se dio cuenta de que había descuidado sus propias necesidades en favor de las de los demás, ignorando sus límites personales y sacrificando su bienestar.

Un día, mientras paseaba por la playa al atardecer, Luna se detuvo a reflexionar sobre su vida y sus elecciones. Se dio cuenta de que había llegado el momento de hacer un cambio. Recordó el frasco de esencias de flores de Bach que su abuela le había preparado, especialmente la esencia de Walnut, destinada a ayudarla a aceptar cambios importantes. Decidió recurrir a esta ayuda.

Sacó de su bolso otro frasco de esencia de Centaury, conocida por su capacidad para ayudar a establecer límites sanos y priorizar las propias necesidades. Inhaló su suave aroma y depositó unas gotas bajo su lengua, sintiendo un frescor y una sensación de calma y claridad, inundando su ser.

Decidida a practicar el amor propio y establecer límites saludables, Luna comenzó a tomar medidas concretas. Empezó a decir "no" cuando sus propias necesidades estaban siendo descuidadas, y se comprometió a priorizarse sin sentirse culpable.

Al principio, enfrentó resistencia por parte de algunas personas que estaban acostumbradas a depender de ella, pero Luna se mantuvo firme. Descubrió que, al honrar sus propias necesidades, no solo se sentía más en paz consigo misma, sino que también tenía más energía y vitalidad para ofrecer a los demás cuando realmente lo necesitaban.

Cada día, Luna seguía tomando unas gotas de la esencia de Centaury y se permitía conectar con su interior. Con el tiempo, comenzó a sentir una transformación dentro de sí misma. Aprendió a valorar sus propias necesidades y a establecer límites energéticos con los demás para preservar su salud mental y emocional.

Gracias a la esencia de Centaury, Luna encontró el valor para ser fiel a sí misma y establecer vínculos más sanos y equilibrados. Caminando por la playa al atardecer, con el sonido de las olas como fondo, Luna se sentía en paz consigo misma y con el mundo que la rodeaba, sabiendo que había encontrado el camino hacia una vida más plena y auténtica.

Luna se transformó en una versión más auténtica y plena de sí misma. Aprendió que practicar el amor propio y establecer límites saludables no era un acto egoísta, sino un acto de amor hacia una misma y hacia los demás. Caminando por la playa con una sonrisa serena en el rostro, Luna supo que había encontrado el equilibrio que tanto anhelaba en su vida, gracias a la ayuda de la esencia de Centaury y su compromiso consigo misma, fortalecida por Walnut.

Luna y el dolor del pasado: expresando las emociones a los demás

Luna pasaba sus días explorando los bosques, escuchando el murmullo de los arroyos y sintiendo la suave brisa acariciar su piel siempre que sus obligaciones diarias se lo permitían. Con los años, comenzó a experimentar una serie de dolores y malestares físicos sin explicación aparente. Se sentía cansada y desanimada, y su cuerpo parecía estar constantemente tenso y desequilibrado. A pesar de visitar a varios médicos y probar diferentes tratamientos, sus síntomas persistían.

Un día, mientras reflexionaba sobre su situación, Luna recordó las palabras de su abuela sobre la importancia de escuchar el cuerpo y enraizarse con la tierra para encontrar el equilibrio interior. Decidió buscar una alternativa natural y recordó las esencias florales de Bach que su abuela Ana guardaba misteriosamente en una cajita de madera de haya, adornada con un sello rojo en la parte superior, visible en el escritorio del diván de trabajo. Las esencias de Wild Oat, Willow, Honeysuckle y Chestnut Bud eran especialmente recordadas por Luna.

Esperó a que su abuela regresara del campo, donde recogía flores para sus preparados especiales. Mientras tanto, se recostó en el butacón del salón, junto al fuego chispeante de la chimenea recién encendida en una mañana soleada de un frío invierno.

Pasaron las horas y Ana no regresaba. Posiblemente, se había entretenido ayudando a la familia con las labores del huerto comunitario. Impulsada por un sentimiento profundo, Luna decidió dirigirse a la pequeña tienda de hierbas curativas del pueblo.

Al llegar, encontró una serie de esencias que resonaron con ella de manera especial. Entre ellas, destacaba la esencia de Rock Water, conocida por su capacidad para ayudar a las personas a relajarse, soltar tensiones y escuchar las necesidades de su cuerpo físico.

Luna comenzó a tomar unas gotas de las esencias cada día y se comprometió a practicar la conexión con la tierra y la naturaleza. Pasaba horas caminando descalza, sintiendo la energía de la tierra fluir a través de ella y nutrir cada célula de su cuerpo.

Días después, su abuela Ana regresó y, para sorpresa de Luna, le regaló la cajita de haya envuelta con un gran lazo rojo, igual al sello que tanto le había atraído. Sin necesidad de palabras, sus miradas se cruzaron con un brillo chispeante, como el fuego de la chimenea, y se fundieron en un abrazo. Luna comprendió que su abuela siempre estaba con ella en los momentos más difíciles, aunque no siempre estuviera físicamente cerca.

Con el tiempo, Luna notó profundos cambios en su bienestar físico y emocional. Los dolores y malestares se disiparon gradualmente, y su cuerpo comenzó a sentirse más liviano y en sintonía con el ritmo natural del universo.

Gracias a las esencias y su conexión con la tierra, Luna aprendió la importancia de escuchar su cuerpo y honrar sus necesidades más profundas. Al enraizarse con la naturaleza, encontró el equilibrio y la armonía que tanto anhelaba. Caminando por los senderos del valle con una sensación de paz y plenitud, Luna supo que había encontrado el camino hacia una vida más saludable y consciente, llena de señales simbólicas y nuevas relaciones que le ofrecían comprensión y apoyo en todo momento.

Conócete, conecta con la naturaleza, y descubrirás que eres capaz de cualquier cosa

La mente no es otra cosa que montañas y ríos y la amplia tierra, también el sol, la luna y las estrellas y todo cuanto puedes sentir. Desde nuestra mente nacen emociones y pensamientos, que nos son devueltos en forma de estímulos y, así, todo se conecta.

El vínculo con la naturaleza es una necesidad básica del espíritu humano, así como la comida o el agua lo son para nuestro cuerpo. Formamos parte del ecosistema, somos un retazo más dentro de la corriente vital que fluye a través de todos los seres vivos. Es por eso que no debemos negar el lazo que nos une a las flores, a sus propiedades curativas.

Como el Dr. Bach, vayamos más allá de lo convencional, utilicemos este aprendizaje para ser mejores, más sabias. Los remedios naturales pueden ayudarnos a centrar nuestra visión, a no perder la fe y la confianza en nosotras mismas. Pues nuestro corazón late por la pasión de estar vivos y, si no le damos sentido a esos latidos, jamás podremos alcanzar nuestros sueños.

Todo llegará. Estarás en el punto que deseas, tu vida personal habrá evolucionado, también tu equilibrio emocional, así como tu estabilidad profesional. Esa hora, ese instante de coronar la montaña, vendrá. Pero, mientras, no entiendas el viaje como algo ajeno a ti, pues el camino forma parte de tu vida, de tu historia. Conecta con las energías más ancestrales, deja a un lado los pensamientos tóxicos, el estrés y la urgencia.

Sírvete del conocimiento para disipar las nieblas del miedo y la incertidumbre. Ese es mi objetivo con estas páginas, con este capítulo. Que no pierdas de vista tu vínculo con la naturaleza, que no te pierdas entre el bullicio de un mundo cada vez más frenético. Conócete, y descubrirás que eres capaz de cualquier cosa.

Ahora que sabes de la importancia de la conexión con la naturaleza y del valor sanador de las flores de Bach, ha llegado el momento de centrarnos en cómo estas pueden servir para que construyas y refuerces tu autoconfianza. Te espero en el próximo capítulo.

Capítulo 4

EL PAPEL DE LAS ESENCIAS FLORALES

"La mayor aventura que puedes emprender es vivir la vida de tus sueños".
Oprah Winfrey

Ahora que conoces un poco más sobre cómo las esencias florales llegaron a mi vida y cómo pueden llegar a la tuya, es el momento de dar el siguiente paso hacia la creación de tu propia energía de autoconfianza. Vamos a trabajar en tu autoestima con las esencias florales de Bach, de una manera sencilla y sostenible en el tiempo.

Como sabes, la autoconfianza está profundamente ligada a tu autoestima. No es posible descubrir tus habilidades y capacidades sin practicar el amor propio, tanto en tu conexión interna como en el cuidado de tus necesidades prioritarias. Esto incluye establecer los límites energéticos necesarios en tus relaciones y aprender a desprenderte de las situaciones dolorosas del pasado, todo para ser consciente de las lecciones aprendidas.

Lograrlo no es fácil. No se trata de algo que pueda conseguirse de la noche a la mañana, ya que el amor propio, como todo lo bueno en esta vida, debe mimarse poco a poco y cuidarse cada día. Debes creer en ti, en que puedes. Pero no solo eso. También es importante que dejes a un lado las creencias limitantes que te atenazan, esas que te has repetido cada mañana durante demasiado tiempo. Frases como "no soy capaz", "no podré hacerlo" o "no soy suficiente". Todas esas palabras repetidas frente al espejo no son más que palos en la rueda que, aunque suene brusco, te has colocado tú misma. De la misma manera, toca ir apartando esas trabas poco a poco, conociéndote y avivando la llama de la confianza. Porque, tenlo claro, puedes hacerlo.

Para ayudarte en el proceso, vamos a explorar juntas los cuatro ejes florales esenciales. Estos te ayudarán a cultivar una energía sana de autoconfianza, fundamentada en el autoconocimiento de tu propia vida y en el amor propio.

Los ejes energéticos

Existen 4 Ejes Energéticos más uno síntesis. Es decir, son 5 ejes en total.

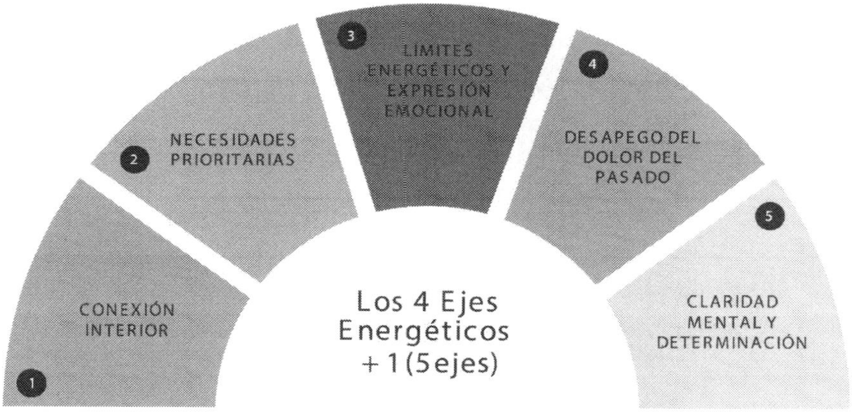

Eje 1: La conexión contigo misma

Conectar con una misma es fundamental para alcanzar una vida plena y satisfactoria. Saber qué deseas para centrarte en tus objetivos te permite avanzar con claridad y determinación, guiada por una brújula interna que refleja tus verdaderos anhelos.

La autoconfianza y el amor propio son las bases de este proceso, ya que te proporcionan la fuerza y la seguridad necesarias para perseguir esos sueños que le dan sentido a cada amanecer.

Y sí, hablo de sueños. Porque en la sociedad actual parece que se infravalora su importancia. "No sueñes", nos dicen. "Los sueños no se cumplen, solo sirven para tener la cabeza en las nubes". "Mejor quédate en la realidad gris y haz lo que todo el mundo dice que has de hacer".

Bueno, pues yo me niego.Y te animo a que no dejes de soñar. Porque soñar es una forma de proyectar tus deseos, de conocerte a ti misma. Y solo persiguiendo nuestros sueños viviremos la vida con plenitud, desde nuestra propia alma que nos impulsa a ello con su propia intuición inteligente que busca la felicidad verdadera y sabe lo que necesitas y te hace bien. Algunos los alcanzaremos, otros se nos escaparán de entre los dedos como globos que se pierden en lo alto del cielo. Pero está bien, porque los sueños son el motor que nos mueve y no podemos ignorarlos y reprimirlos.Y nada ni nadie puede obligarte a renunciar a ellos.

Por eso es vital ignorar el ruido externo y los mensajes negativos que, con frecuencia, pueden desviarte del camino. Al cultivar un diálogo interno positivo y constructivo, creas un espacio seguro donde tus metas y deseos pueden florecer sin ser sofocados por las dudas o las críticas. Este enfoque te ayuda a mantenerte firme, determinante y resiliente, incluso en medio de las adversidades.

En este punto, a la hora de conectar, de ayudarte a "regresar a tu centro", las esencias de Cerato (Cerato), Clematis (Clemátide) y Larch (Alerce) juegan un papel muy importante, especialmente cuando te sientes perdida en el bullicio del mundo exterior y el ruido provocado por la tormenta de pensamientos tóxicos y dañinos.

A menudo, somos expertas en repetir las mismas palabras automáticas e inconscientes que el sistema nos ha inculcado desde pequeñas. Ideas que nos afectan en cada paso de nuestra vida cotidiana, que nos impiden ser como queremos o vivir la vida que deseamos. Pero, déjame que te diga algo, tu vida es solo tuya. Y solo tú decides cómo vivirla. Estás al timón de tu barco y puede que el mar te quiera llevar de un lado a otro, pero únicamente tú eliges hacia qué horizonte avanzar, no permitiendo interferencias dañinas tanto internas como externas a ti.

Quisiera hacer una pausa aquí para invitarte a escribir, con total sinceridad y honestidad, aquellas frases que aparecen con mayor frecuencia en tus pensamientos y que provocan emociones negativas sobre la percepción de ti misma. Tómate todo el tiempo que necesites antes de continuar leyendo.

Te dejo unos minutos. Escribe con calma, con sinceridad, desde el corazón. ¿Lo tienes? Bien. Enhorabuena, lo has hecho genial.

Ahora que has escrito esos pensamientos, trae tu atención al presente. Visualiza, piensa o imagina las esencias florales de Bach: Cerato, Clematis y Larch. Estas esencias te aportarán bienestar emocional, mental y físico, ayudándote a superar los pensamientos de baja autoestima y a despejar el camino para que puedas conectarte con tu verdadera esencia, más allá de los pensamientos negativos recurrentes.

Imagina las flores y mantenlas en tu mente durante unos minutos. Percibe tus sensaciones internas y observa lo que experimentas al hacer tres respiraciones profundas con los ojos cerrados. Tómate todo el tiempo que necesites, sin expectativas de lo que deberías o no sentir en estos momentos.

Tranquila, no puedes hacerlo mal. Todo cuanto sientas, imagines o visualices en este momento, estará bien. Tu corazón no miente, tu cuerpo tampoco, sientes justo lo que necesitas sentir. Y está genial que sea así.

Recuerda que tú eres la dueña de tu vida, una vida que merece experimentarse desde el amor y el bienestar, desde el cuidado hacia una misma. Quita las trabas que te impiden avanzar. Sabes que puedes. Sí, de acuerdo, los pensamientos negativos están ahí: el miedo y la tristeza. Pero no pueden domarte. Al contrario, están ahí para recordarte que eres valiente y que sabes ser feliz. Camina hacia ese horizonte.

A continuación, encontrarás las descripciones del Dr. Bach para cada una de estas flores. Léelas atentamente, ya que pueden ayudarte a visualizarlas mejor y entender sus beneficios.

La visión del Dr. Bach: los beneficios de las esencias florales Cerato, Clematis y Larch

El Dr. Edward Bach, creador de las esencias florales de Bach, otorgó una gran importancia a cada una de las flores que seleccionó para su sistema de sanación. Cada flor tiene un propósito específico y ayuda a equilibrar distintos aspectos emocionales.

Cerato (Cerato) es una esencia para quienes carecen de confianza en sí mismos y en sus decisiones. Estas personas buscan constantemente el consejo de otros, lo que a menudo resulta en malos consejos y en una mayor confusión. El Dr. Bach entendió que Cerato ayuda a fortalecer la confianza interna, permitiendo que la persona siga su propio juicio y tome decisiones con seguridad y claridad.

Clematis (Clemátide) está destinada a aquellos que son soñadores, que parecen estar siempre somnolientos y no completamente despiertos a la realidad presente. Son individuos tranquilos que a menudo no están satisfechos con sus circunstancias actuales y viven más en el futuro que en el presente, esperando tiempos mejores.

Este remedio nos ayuda a regresar al presente y a nosotras mismas, permitiéndonos actuar y construir una vida mejor en lugar de solo soñar con ella. Sí, soñar es importante porque nos marca el camino a seguir, pero luego toca andar para llegar al lugar que deseamos.

Por último, Larch (Alerce) es para quienes no se consideran tan buenos o capaces como los que les rodean. Estas personas a menudo esperan el fracaso y sienten que nunca tendrán éxito, por lo que no se atreven o no hacen un esfuerzo suficiente para lograr sus metas.

La esencia de Larch nos ayuda a avanzar a pesar de nuestros pensamientos de éxito o fracaso, nos hace más capaces de asumir riesgos y comprometernos con la vida para aprovecharla al máximo.

Eje 2: Necesidades prioritarias conscientes

Somos animales. Por mucho que nos creamos superiores a otros mamíferos, en lo básico, somos esencialmente muy similares. Nuestras necesidades básicas no están orientadas hacia la felicidad. Nuestro cerebro está diseñado para garantizar nuestra supervivencia, no para hacernos felices.

La parte más antigua de nuestro cerebro refleja principalmente respuestas automáticas e instintivas, similares a las de los animales. Esta área es muy emocional y poco lógica, centrada más en nuestra supervivencia que en nuestra felicidad.

Sin embargo, podemos reconocer y responder a las señales internas relacionadas con nuestras necesidades básicas, como el hambre, el cansancio, la necesidad de seguridad, el sexo y el refugio en un lugar seguro y habitable. Si no somos conscientes de estas señales sutiles, no podremos cuidar de nosotras mismas adecuadamente. Incluso ignorar estas señales puede llevar a enfermedades crónicas asociadas al estrés.

Ahora bien, podemos ser conscientes de nuestras necesidades, pero también podemos carecer de las habilidades para satisfacerlas. La timidez o la inseguridad pueden afectar nuestras relaciones sociales y privarnos del contacto social necesario. Es ahí donde entra la autoconfianza, los sueños y los objetivos.

Cada ser humano debe encontrar un propósito en la vida, una razón que le impulse a seguir adelante. Este sentido de propósito es esencial para mantener la motivación y así identificar oportunidades que faciliten el logro de nuestras metas. Este tipo de conocimiento nos permite ahorrar esfuerzos innecesarios y maximizar nuestra energía emocional.

Ya lo sabes, la vida no sigue normas fijas, es dinámica y cambiante. Por eso debes estar dispuesta a desaprender lo que ya no es útil y adaptarte a nuevas circunstancias. Tu bienestar emocional y físico depende de tu capacidad para reconocer y satisfacer tus necesidades básicas, adaptarte a los cambios y encontrar un propósito que te motive a seguir adelante.

No solo tienes que sobrevivir, también debes vivir y con ello, soñar, creer en ti y visualizar el lugar al que quieres llegar en la vida. ¿De qué sirve girar y girar en una rueda de hámster infinita? No busques la felicidad, sé feliz. La alegría no es un objeto que encontrar, no es un fin. Es un estado vital, es energía, y está dentro de ti. Solo debes liberarla mediante la autoconfianza.

Ahora, es el momento de realizar un ejercicio similar al anterior, pero esta vez centrándonos en las esencias florales correspondientes a este eje. Observa tus sensaciones internas y lo que experimentas al hacer tres respiraciones profundas con los ojos cerrados. No te apresures, tómate todo el tiempo que necesites y permítete sentir lo que venga, sin expectativas.

A continuación, tienes la descripción de los beneficios de cada una de estas esencias.

Esencias florales para vivir, ser feliz y no solo sobrevivir

La flor de Scleranthus (Escleranto) te ayuda a descubrir lo que realmente quieres, reconectando con tu intuición y permitiéndote tomar decisiones de manera simple y decisiva. Este remedio es especialmente beneficioso para aquellos que sufren al no poder decidir entre dos opciones, cada una pareciendo correcta en distintos momentos. Por lo general, estas personas son calladas y cargan con su dificultad en soledad, sin hablar de ello con los demás. Tomar Scleranthus te brindará claridad y confianza en tus elecciones.

Por su parte, la flor de Rock Rose (Rosa de roca) es ideal para enfrentar el terror y el pánico. Forma parte de la fórmula de crisis del Dr. Bach, diseñada para emergencias. Este remedio te brinda calma y coraje, permitiéndote superar el miedo y recuperar tu valor en situaciones extremas. Con Rock Rose, puedes afrontar desafíos con una renovada sensación de seguridad y fortaleza interna.

En cuanto a la flor de Pine (Pino), su aspecto positivo se manifiesta en personas que reconocen sus errores sin quedarse atrapadas en ellos, aprendiendo a no repetirlos. Estas personas están dispuestas a asumir responsabilidades y a ayudar a otros, pero también entienden que cargar con los problemas ajenos no siempre es la mejor manera de ayudar. Son perseverantes y humildes con sus dones. Pine es para aquellos que se culpan a sí mismos, incluso cuando tienen éxito. Nunca están contentos con sus esfuerzos o resultados, y se atribuyen la responsabilidad de los errores, incluso cuando no son su culpa. Este remedio enseña a perdonarte y a aceptar tus logros con una actitud más positiva y equilibrada.

Estas flores te ayudarán a visualizar aquello que deseas, a saber que lo mereces y a mantener el miedo a raya, porque el miedo sirve para aprender a ser valiente, pero jamás puede convertirse en un lastre. No sobrevivas sin más, vive y sé feliz. Rompe la rueda de hámster infinita.

Eje 3: Límites energéticos y expresión emocional

La energía emocional es esa fuerza invisible que impulsa cada acción y pensamiento, y constituye la base sobre la que construimos nuestras vidas. Puedes ver cada día cómo esta energía afecta todos los aspectos de tu existencia, desde la calidad de tus relaciones hasta todo aquello que te propones. Al entender y aprovechar tu energía emocional, puedes crear una vida llena de sentido y plenitud.

La energía emocional es el vigor que alimenta tu pasión, la chispa detrás de tus alegrías y la furia que nace de la tristeza. Esta energía es fundamental para tu bienestar general, influye en cómo interactúas con el mundo y va más allá de las emociones básicas como la felicidad o la tristeza. Incluye también esos sentimientos sutiles que colorean tus experiencias diarias.

La energía emocional puede ser la fuerza motriz de tu mundo, de todo tu universo. Es el motor que te mueve a llevar a cabo acciones que pueden cambiar tu vida, para bien y para mal. Así de importante es esta energía. Cuando tu energía emocional está alta, te sientes capaz de afrontar cualquier cosa, eres más resiliente, compasiva y percibes mejor el presente, justo el aquí y el ahora.

Sin embargo, a menudo sentimos que nuestra energía emocional se drena sin una causa única y definible. Hay múltiples factores que contribuyen a este drenaje, como un ambiente de trabajo tóxico, mala calidad del sueño, querer complacer a los demás a expensas de tus propias necesidades, preocupación y ansiedad constante o conflictos no resueltos en las relaciones personales o profesionales.

¿Qué puedes hacer para evitarlo? Hacer hincapié en la expresión emocional. Encuentra formas seguras y sanas de expresar lo que has estado reteniendo, como hablarlo o participar en artes expresivas.

Hablar con una amiga de confianza, un especialista o incluso escribir en un diario puede liberar tensiones internas y brindar claridad. Más adelante te hablaré detenidamente de esto, pero las artes expresivas, como la pintura, la música, la danza o el teatro, también ofrecen poderosos medios para canalizar y liberar emociones reprimidas. Estas actividades no solo te permiten una liberación emocional, sino que también promueven el autodescubrimiento y la creatividad, facilitando un camino hacia la sanación y el bienestar emocional.

Piensa que la energía emocional es un componente fundamental de tu existencia: da forma a tus percepciones, colorea tus experiencias y alimenta cada una de tus acciones. La clave está en la autocomprensión y en la gestión emocional proactiva. Acepta plenamente tu energía emocional, porque tiene el poder de transformar tu vida en un viaje de atención plena, propósito y paz interior inquebrantable.

Como en los dos ejes anteriores, es el momento de concentrarte en las flores, en sus beneficios y en sus cualidades. Recuerda, ojos cerrados, tres respiraciones profundas. No hay prisa. El mar está en calma. El universo está de tu parte. Y el tiempo te espera si hace falta. Centra tu atención en las flores que a continuación te describo.

Expresión emocional a través de las esencias florales

La flor de Walnut (Nogal) es ideal para enfrentar los efectos del cambio en cualquier etapa de la vida. Facilita la ruptura con el pasado y libera de ataduras, permitiendo avanzar con confianza y sin sufrimientos innecesarios. Walnut te ayuda a mantenerte enfocada y constante, protegiéndote de las influencias externas que puedan desviarte de tus objetivos, sueños y deseos.

Por otro lado, la flor de Centaury (Centauro) fortalece el valor y la autodeterminación, permitiendo que las personas establezcan límites claros y se liberen de los deseos y órdenes de los demás, creando un espacio donde puedan sentirse completamente libres, porque tu capacidad de amar, entregar con empatía a los demás y capacidad de servir nunca se ha de interpretar ni es sinónimo de sumisión y servidumbre. Las personas Centaury suelen ser amables, tranquilas y ansiosas por servir a los demás. Sin embargo, su deseo de ayudar puede llevarlas a excederse en sus esfuerzos, convirtiéndose más en sirvientes que en colaboradores dispuestos. Esta tendencia puede hacer que descuiden su propia misión en la vida.

La flor de Willow (Sauce) fortalece el optimismo y la fe para aquellas personas que se sienten resentidas y amargadas por el camino que han tomado sus vidas, volviéndose generosas hacia los demás cuando son conscientes de que su pensamiento negativo puede atraer hacia sí mismas la mala suerte de lo que se quejan.

Las flores, Walnut (Nogal), Centaury (Centauro), y Willow (Sauce) manifiestan la importancia de la expresión emocional y el crecimiento personal. Céntrate en ellas para liberar ataduras con el pasado, protegerte de influencias externas y establecer límites claros. Recuerda que expresar tus emociones y necesidades de manera saludable te permitirá avanzar con confianza y vivir de acuerdo con tus deseos y propósitos. Porque el oleaje del mar nunca cesa, pero el timón lo llevas tú y el horizonte te espera.

Eje 4: Desapego del dolor de situaciones pasadas

El desapego al dolor causado por el pasado es un proceso profundamente transformador y liberador. Es como quitarse una pesada capa de sombras que ha oscurecido nuestro camino durante demasiado tiempo. Los recuerdos que aún te hieren son como una cadena invisible que te ata a momentos que ya no existen, impidiéndote vivir plenamente el presente y abrazar el futuro con esperanza.

Cada herida, cada lágrima y cada suspiro son ecos de lo que fue, pero no tienen por qué definir lo que serás. Soltar el dolor no significa olvidar o negar lo que ha sucedido, sino reconocer su impacto, aprender de él y luego, con suavidad, dejarlo ir. Es un acto de valentía y amor propio, una decisión consciente de no permitir que el sufrimiento continúe robándote la paz y la felicidad que mereces.

Es un viaje de sanación y autocomprensión. En este camino, abrazas tus vulnerabilidades, perdonas a quienes te han herido y, lo más importante, te perdonas a ti misma por los errores cometidos. Es reconocer que cada experiencia, incluso las más dolorosas, te han enseñado algo valioso y ha contribuido a construir la persona fuerte y capaz que ves en el espejo.

A medida que aprendes a soltar, la vida comienza a sentirse menos como una lucha constante y más como una danza fluida, donde cada paso te lleva más cerca de la paz interior. Así, el desapego del dolor se convierte en una puerta abierta hacia una vida más plena, llena de posibilidades.

Llegados a este punto, es el momento de repetir el ejercicio una última vez. Con calma y serenidad, despacio, céntrate en las flores que te describo un poco más abajo. Luego, deja caer tus párpados lentamente y realiza tres respiraciones profundas. No hay prisa. Este momento es para ti.

Vive el presente, recordando el pasado sin miedo y mirando al futuro con esperanza

Para comprender los beneficios de la flor de Rock Water (Agua de roca), imagina a un escultor tallando mármol, con una disciplina estricta que rechaza muchas de las alegrías y placeres cotidianos por temor a que interfieran con su trabajo. Estas personas son como faros solitarios, duros maestros de sí mismas, siempre buscando ser el epítome de salud, fuerza y actividad. Su esperanza es ser un ejemplo tan luminoso que otros lo sigan, creyendo que su sacrificio inspirará a los demás a ser mejores. Sin embargo, en su camino rígido, a veces olvidan que la flexibilidad y la capacidad de disfrutar del presente también son formas de fuerza.

En cambio, la flor de Wild Oat (Avena Salvaje), es útil para aquellos con un corazón lleno de sueños y una mente curiosa, ansiosos por dejar una huella significativa en el mundo. Tienen una ambición que brilla como una estrella, deseando experimentar la vida en toda su amplitud y profundidad. Sin embargo, su búsqueda de una vocación específica es como navegar sin brújula en un vasto océano. Su insatisfacción proviene de esta falta de dirección clara, de esa lucha interna entre sus múltiples talentos y la búsqueda de un único camino que sientan suyo.

La Flor de Willow (Sauce) es para quienes han enfrentado la tormenta de la adversidad y la desgracia, sintiendo que la vida ha sido injusta. Son como árboles golpeados por el viento, con ramas que han perdido su vigor. Se amargan por lo que consideran falta de justicia, permitiendo que el resentimiento empañe su visión del mundo. Su actividad y gozo en las cosas que antes les daban placer disminuyen, quedando atrapados en una espiral de quejas y desaliento.

En este eje también encaja la flor de Honeysuckle (Madreselva), para esas personas cuya mente y corazón están atrapados en el pasado, como una cinta que se repite sin cesar. Recuerdan momentos de gran felicidad, amigos perdidos o sueños no realizados, como si el presente nunca pudiera igualar esa dicha pasada. Viven en una especie de nostalgia constante, creyendo que el futuro no puede ofrecerles más que sombras de lo que una vez fue.

Y terminamos con la flor de Chestnut Bud (Brote de castaño), centrada en aquellos que no aprovechan plenamente la observación y la experiencia. Parecen condenados a tropezar con la misma piedra una y otra vez, aprendiendo lentamente las lecciones que la vida les presenta. Esta necesidad de repetición les causa frustración, ya que se encuentran cometiendo los mismos errores en diferentes ocasiones, cuando una sola experiencia debería haber sido suficiente para aprender y crecer.

Eje 5: Claridad Mental y Determinación. El Sistema Floral de Bach: remedios esenciales para potenciar tu autoconfianza

Cada flor que he mencionado en este capítulo pertenece a uno de los grupos de clasificación del Sistema Floral del Dr. Bach. Estos grupos abordan distintos tipos de energías emocionales, como miedos persistentes o sufrimiento latente. Abajo, en el gráfico, puedes comprender mejor cómo se agrupan cada una de estas esencias florales.

Para conocer mejor cómo surge este sistema, es importante mencionar que el Dr. Bach, sostenía una visión profundamente espiritual de la humanidad, una en la que todos somos de origen divino. Esta creencia fundamental era el pilar de su trabajo y su filosofía.

Las esencias florales, en la visión de Bach, actúan como puentes hacia tu alma, cerrando la brecha entre tu personalidad y tu parte espiritual o divina. Al emplear estas esencias, no solo sanan síntomas superficiales, sino que reconectas con lo más profundo de tu ser. Este proceso permite que las limitaciones personales se trasciendan y que la energía negativa se transforme en un poder positivo y curativo.

En última instancia, las flores no solo sirven para sanarte, también te guían ayudándote a transitar tu destino con mayor claridad y propósito. A través de esta conexión renovada con lo divino, adquieres la capacidad de valerte por ti misma, sintiéndote fortalecida por una comprensión más profunda y un equilibrio espiritual que te mueve a dar cada paso del camino sin miedo y con determinación.

Los 6 Grupos de Remedios según su función

Hay seis grupos de remedios que distinguimos según su función:

Consideraciones básicas sobre los remedios florales

Los remedios florales ofrecen una vía de sanación segura y libre de efectos secundarios, aunque siempre se recomienda contar con la guía de un especialista durante el tratamiento. Cada individuo es visto como un todo, una unidad donde la energía física o biológica y la energía sutil o emocional se entrelazan y se influyen mutuamente.

Es importante hacer un estudio individual para ver las necesidades de cada persona para conseguir los resultados deseados, por este motivo, si deseas que veamos juntas cómo encontrar los remedios que te ayuden a conseguirlo, puedes contactar conmigo a través del siguiente enlace:

https://esc.anea.me/francisg8

¡Estaré encantada de ayudarte!

Este principio de correspondencia revela la profunda interconexión de todo lo que somos. Nos enseña que somos una armoniosa mezcla de agua, células, sangre, tierra y aire. Así es cómo las flores pueden tocar tus emociones, pues cada esencia floral vibra en sintonía con aspectos específicos de tu ser emocional, actuando como un eco resonante que despierta tu verdadera esencia.

Cada gota de estos remedios es un testimonio de la naturaleza, un recordatorio de nuestra profunda conexión con el mundo que nos rodea y de la capacidad de la naturaleza para sanar nuestras heridas más profundas.

Precauciones a tener en cuenta para aprovechar al máximo sus beneficios

Las esencias florales, en su delicadeza y poder, requieren un cuidado especial para mantener su integridad y efectividad. Imagina que cada frasco es un pequeño universo de curación, sensible y poderoso a la vez.

Resguardando la Esencia

Primero, es muy importante mantener las esencias florales alejadas de cualquier carga magnética fuerte, a una distancia mínima de tres metros. Deben ser protegidas del calor, la luz solar directa, los perfumes y el humo de cigarrillos. Estas influencias externas pueden alterar la vibración energética de las esencias, disminuyendo su efectividad y pureza.

Pureza en la Administración

Para preservar la pureza del preparado floral, evita que el cuentagotas entre en contacto con tu lengua, previniendo así la introducción de bacterias. Las cuatro gotas – cuatro veces al día – deben permanecer en la saliva, debajo de la lengua, durante unos segundos. Es en este breve momento que la magia comienza, con las esencias empezando a actuar dentro de los primeros diez minutos de su ingreso al organismo.

Variabilidad de los Efectos

El impacto de las esencias varía según el estado actual de la persona, su historia y el contexto en el que se encuentra. Cada individuo es un universo único, y las esencias trabajan en sintonía con las necesidades específicas de cada uno.

Canalizando la Energía Sutil

Las esencias florales no solo movilizan canales de energía sutil, sino que también provocan un cambio profundo en la conciencia. Este cambio de vibración energética abarca pensamientos, emociones y el cuerpo físico, permitiendo que percibas y experimentes la realidad de una manera completamente nueva. Es como abrir una ventana a un panorama de posibilidades antes insospechadas, mostrando caminos nuevos y esperanzadores.

Despertando el Coraje Interior

Con este nuevo entendimiento, surge en ti la voluntad y el coraje para abrir las puertas de tu alma. Puedes focalizar toda tu energía interior hacia una misma dirección, con determinación y en beneficio tanto propio como de los demás. Este despertar se refleja en todas las áreas de tu vida, desde las relaciones y la familia hasta tu profesión. Es un viaje de transformación que te permite vivir con mayor autenticidad y propósito.

El papel esencial de la naturaleza: el poder de las plantas y los árboles

Quiero invitarte a un viaje especial, un espacio reservado para descubrir la magia esencial de los árboles y plantas del Dr. Bach. Estos seres vivientes tienen una capacidad única para sanar y fortalecer tu autoconfianza y autoestima. Mientras que las flores concentran sus propiedades energéticas en sus delicados pétalos, los árboles nos ofrecen un sistema completo, integrando todas sus partes en una sinfonía de curación y renovación. Esta característica les confiere un poder significativo en la transmisión de energía curativa.

Imagina, siente o piensa que el Crab Apple (Manzano silvestre) limpia y purifica tu ser interior, o el Elm (Olmo) aliviando la carga de tus responsabilidades. Siente cómo el Pine (Pino) disuelve la culpa que te agobia, mientras que el Olive (Olivo) restaura tu energía vital. Y el Chestnut Bud (Brote de Castaño) que te ayuda a aprender de tus experiencias, o el Red chestnut (Castaño rojo) que disipa tus preocupaciones por los seres queridos. El Sweet Chestnut (Castaño Dulce) te acompaña en los momentos de desesperación, y la flor de Gentian (Genciana) que te infunde todo optimismo y determinación para llevar a cabo todo lo anterior, después de un contratiempo o cuando las cosas se ponen feas.

Cada uno de estos árboles y plantas actúa de manera transformadora, no solo fortaleciendo tu autoconfianza y autoestima, sino también promoviendo esas capacidades creativas que albergas, ayudándote a manifestar tus cualidades únicas.

Por ejemplo:

Claridad Mental, Coraje y Determinación

Crab Apple Elm Pine Olive	Limpieza Vocación Sentimiento Culpa Cansancio físico-mental
Chestnut Bud (Brote) Red Chestnut (Rojo) Sweet Chestnut (Dulce) White Chestnut (Blanco)	Aprendizaje de Vida Excesiva preocupación por los demás Sentimiento de Angustia y Desolación Pensamientos repetitivos negativos
La flor de Genciana	Desánimo. Desaliento ante dificultades

Estas esencias tienen el poder de llevarte a un nivel más profundo de autoconocimiento y disfrute, facilitando la claridad mental y la determinación necesaria para alcanzar cada una de las metas que te has propuesto, acercando a pasos agigantados ese horizonte con el que sueñas cada día.

La brújula de tus sentimientos marca el camino, la terapia floral te guía

Las esencias florales son un remedio natural, por lo que sirven para sanar, para mantener a raya a las enfermedades. Pero, ¿qué es una enfermedad? No se trata solo de un malestar físico, sino de una señal clara y poderosa de nuestro ser integral. Una alerta sobre las conductas o situaciones que nos alejan de nuestra alma, esa parte divina y sagrada que todas llevamos dentro.

Así, la enfermedad se convierte en un mensaje de nuestra esencia espiritual, advirtiéndonos sobre nuestros desvíos, previniendo mayores dificultades, y guiándonos de vuelta al camino de nuestra verdad y luz interior. Es un camino del que nunca deberíamos apartarnos, aunque no siempre resulta sencillo.

Para lograr seguir el camino que te has marcado y que te lleva al lugar en el que deseas estar, ese deseo que te mueve y que te hace vibrar, puedes valerte de la terapia floral.

Esta se presenta como una medicina alternativa que complementa, pero no sustituye, a la medicina tradicional. Sin embargo, no solo tiene el potencial de prevenir enfermedades como el cáncer o transformar las emociones que lo generan, sino que también ofrece consuelo y paz emocional a quienes la utilizan.

La brújula de tus sentimientos y emociones marca el destino, uno que no siempre resulta fácil de ver, que se esconde entre la niebla, entre los problemas, los dolores y los obstáculos. Las esencias florales te ayudan a disipar la niebla, a despejar el camino para identificar lo que sientes, lo que deseas más que nada. Pero, sobre todo, te ayudan a vibrar con energía en el amor, el propio y hacia los demás. Ese es el primer paso para alcanzar cualquier objetivo que te propongas.

Y recuerda que tú, como yo y como cada persona de la Tierra, eres única e irrepetible. Tienes un valor incalculable, aprende a verlo y mantente abierta a recibir la energía del universo para despertar en un nuevo amanecer donde el sol brille intensamente.

En el próximo capítulo, te guiaré a través de ejercicios prácticos de intención y visualización meditativa, diseñados para que puedas conectar profundamente con estos efectos transformadores. Prepárate para un viaje de introspección y crecimiento personal, donde cada paso te acercará más a la versión más auténtica y empoderada de ti misma. Este es el comienzo de una transformación profunda, un retorno a tu esencia divina y una celebración de tu potencial ilimitado.

Capítulo 5

LA ENERGÍA EN FORMA DE PENSAMIENTOS

"Cuida tus pensamientos, porque se convertirán en tus palabras. Cuida tus palabras, porque se convertirán en tus actos. Cuida tus actos, porque se convertirán en tus hábitos. Cuida tus hábitos, porque se convertirán en tu destino".

Gandhi

La energía de los pensamientos: la llave para abrir todas las puertas

Hay muchas puertas cerradas tras las que aguardan multitud de oportunidades. Y existe una llave maestra que puede abrir todas y cada una de esas puertas. Se trata de tus pensamientos. Pues es de tu pensamiento de dónde surge tu realidad, así que te recomiendo elegir pensamientos positivos y poderosos con los que conformar una realidad donde tus sueños, deseos y objetivos estén a tu alcance. Donde los obstáculos, los problemas y las sombras en el corazón sean meras anécdotas. Pero todo empieza en ti, en la energía de tus pensamientos.

Tú y yo, como creadoras de nuestro destino, estamos enfocadas en mejorar nuestra calidad de vida, tanto a nivel de salud mental y emocional como física. Por lo tanto, el manejo de nuestra energía mental se convierte en una prioridad para poner en práctica todo lo aprendido hasta ahora, y así evolucionar y desarrollarnos como personas altamente eficaces en la vida que elegimos vivir de manera libre.

Pero antes de adentrarnos en este capítulo sobre las cualidades esenciales como la fuerza y la templanza, decisivas para alcanzar tus propósitos y proyectos de vida, quiero destacar la importancia que tienen los árboles en esa energía de autoconfianza y autoestima que necesitas encontrar.

Ya hemos explorado los árboles Bach y sus beneficios para fomentar el coraje y la determinación en tus logros a corto y largo plazo. Ahora vamos a descubrir cómo esos árboles pueden ser una poderosa fuente de energía para cultivar la fuerza y la templanza y vivir así la realidad que te mereces.

La Alta Energía de los árboles y sus frecuencias

Los árboles son nuestros aliados para conectar con el poder natural, ofreciéndonos herramientas para sanar, relajarnos, fortalecernos y recargarnos de energía vital. Son portadores de la sabiduría de la Tierra. Cada vez más personas están experimentando los beneficios de abrazar árboles. A diferencia de las interacciones humanas, donde a veces podemos sentir pérdida de energía debido a factores emocionales, abrazar un árbol siempre nos carga positivamente, nunca nos descarga.

Es importante recordar que todos los seres vivos son energía y, al igual que nosotras, los árboles tienen su propia energía. Cuando nos sintonizamos con ellos, podemos sentir cómo fluye su energía, transmitiendo sensaciones de bienestar, tranquilidad y serenidad que captamos a través de su aura. Para experimentarlo basta con entrar en su radio de acción, que varía según sus características y entorno ambiental. Al respirar profundamente cerca de ellos y ser conscientes de nuestra intención, podemos potenciar esta conexión. Es esencial interactuar con respeto y pedir permiso para permitir que nos regeneren.

Te invito a comprobar por ti misma los beneficios de conectar con la energía de los árboles. Encuentra un árbol cerca de tu hogar que te llame la atención. Obsérvalo y siente su energía sin intentar analizarlo mentalmente ni establecer un vínculo emocional. Simplemente, percibe su tono vibratorio.

Con los ojos cerrados, toca el árbol con tu mano izquierda y háblale, pidiéndole permiso para absorber parte de su energía. Reconoce su fuerza y su influencia en su entorno. Observa si es solitario o forma parte de un grupo de árboles que interactúan entre sí. Acepta esa energía sin resistencia y reflexiona si deseas recargarte con su fuerza y serenidad. Conecta con la energía del árbol desde el corazón. Siente la calma interior y visualiza sus raíces extendiéndose hasta el centro de la tierra, absorbiendo la savia que alimenta su tronco, ramas y hojas hasta la copa más alta.

Fluye con amor y escucha la esencia del árbol. Presenta tu nombre y adéntrate en un espacio de comunicación energética donde el silencio cobra vida. Puedes pedir orientación sobre cualquier situación, recargar tu energía, relajarte o simplemente aceptar la sabiduría que el árbol puede ofrecerte. Escucha a tu corazón mientras le das las gracias al árbol. Levántate y despídete colocando tu mano derecha sobre su tronco.

Al estar en contacto directo con el árbol y utilizando las manos, puedes captar conscientemente su energía, ya que las palmas de las manos son muy sensibles a la emisión y captación vibratoria. Sigue las grietas o fisuras de la corteza en la dirección que las presenta el árbol para una mejor conexión. También puedes apoyar la espalda o la parte central de la espalda, donde se encuentra tu columna vertebral, contra el tronco o las raíces del árbol para absorber su energía. Después de descansar así un rato, sentirás la renovación de energía afectando tu espina dorsal y tu sistema nervioso central.

Desde tiempos antiguos, las personas buscaban árboles para abrazarse cuando se sentían angustiadas o cargadas de problemas. El árbol siente el sol, la noche, la lluvia, el viento, el calor y el frío, y a los pájaros que se cobijan bajo sus ramas. ¿Por qué no habría de sentirnos a nosotros?

La ciencia respalda los beneficios de abrazar árboles para la salud. En el libro "*Blinded by Science*" de Matthew Silverstone, se mencionan varios beneficios como mejoras en la salud mental, el ADHD, la concentración, el tiempo de reacción, la depresión e incluso el alivio de dolores de cabeza.

Diversos estudios también muestran que los niños experimentan mejoras significativas en su salud y bienestar cuando interactúan con la naturaleza. Tocar un árbol afecta positivamente nuestros procesos biológicos, alineándolos para promover la autosanación y mejorar la creatividad y el bienestar emocional.

Prueba tú misma esta conexión con la naturaleza y observa cómo tu energía y bienestar se ven beneficiados. Para contrarrestar pensamientos negativos y repetitivos que minan tu autoconfianza, aprovecha la energía disponible en tu entorno y siente cómo te conectas con ella. Con el tiempo, este hábito diario transformará la energía de tus pensamientos.

Libérate del pasado y acepta los errores como oportunidades de crecimiento

El sentimiento de incapacidad para cumplir con tareas o responsabilidades puede derivar de experiencias pasadas que tu mente interpreta como fracasos. Estos patrones mentales se arraigan desde la infancia hasta la vida adulta, condicionando tu autoconcepto. Reflexiona objetivamente y verás que los resultados de tus acciones no siempre necesitan la validación de los demás. A menudo, las opiniones externas no son indispensables y no reflejan tu verdadero valor.

La responsabilidad emocional y afectiva juega un papel muy importante aquí. A menudo delegamos en otros el poder de validar nuestras acciones, alimentando así nuestra inseguridad. Es esencial reconocer este patrón y profundizar en su comprensión. Con mucha frecuencia nos juzgamos severamente, como si cada error fuera una sentencia irrevocable. Pero necesitamos practicar la humildad para reconocer nuestro esfuerzo y aceptar nuestros errores como oportunidades de crecimiento.

Las expectativas, tanto propias como ajenas, pueden complicar las cosas innecesariamente. Cambiar la perspectiva puede transformar la manera en que enfrentamos nuestros objetivos y nutrir nuestra autoestima. Encender la llama de tu autoconfianza implica comprender tus emociones, desafiar esas percepciones limitantes que te impiden avanzar y cultivar una relación compasiva contigo misma.

El peso de la culpa y los pensamientos inmovilizadores

A ver si esto te resulta familiar. Cada vez que te sientes incapaz, ese pensamiento esconde emociones más profundas como la rabia, la frustración o la impotencia, a menudo inconscientes. En el fondo surge el sentimiento de culpa por no cumplir con las expectativas de los demás. Te suena, ¿verdad?

Seguro que sí. Por eso es tan importante identificar qué nos decimos cuando nuestros resultados no coinciden con nuestras expectativas o las de los demás. Nuestro diálogo interno tiende a ser severo y autocrítico, como un intento de consolarnos tras recibir críticas o desprecios.

Explorar estos puntos fundamentales desde la espiritualidad, la física cuántica y la metafísica te ayuda a elevar los niveles de tu energía de confianza y autoestima, liberándote de sentimientos de incapacidad y culpa.

Al integrar estos conocimientos, puedes avanzar hacia el éxito en todas tus empresas, fortaleciendo tu capacidad de confiar en ti misma y de superar cualquier duda o autocrítica. Que nada te detenga en tu camino, que la culpa no sea una bola de hierro atada a tus pies. Confía en ti, porque nadie mejor que tú va a saber lo que necesitas de la vida.

Las ondas en el mar de nuestras emociones

Las emociones son como piedras lanzadas a un estanque tranquilo, creando ondas que se extienden mucho más allá del punto de impacto. Así es como nuestras emociones, ya sea la gratitud o la ira, pueden influir significativamente en nuestra salud física y en el entorno que nos rodea. En la medicina alternativa y en prácticas como la medicina energética, se explora esta interconexión profunda entre nuestras emociones y nuestro bienestar general.

Nuestro corazón, más allá de ser un simple órgano, es un emisor poderoso de ondas electromagnéticas. Estas ondas pueden tener efectos tanto en nuestro propio cuerpo como en el mundo exterior. Muchas tradiciones espirituales y conceptos de medicina energética sostienen esta visión, subrayando la importancia del corazón como un centro de energía y vibración, esencial para nuestra salud y nuestra conexión con el entorno.

A su vez, nuestros pensamientos y sentimientos actúan como imanes, atrayendo experiencias y circunstancias a nuestras vidas. Este principio, conocido como la ley de atracción, enfatiza en cómo nuestras vibraciones emocionales pueden moldear nuestro destino. Al comprender y aplicar esta ley, podemos influir positivamente en nuestras vidas, cultivando emociones que atraigan abundancia y bienestar.

Algunas perspectivas sugieren que el conocimiento de una persona no reside únicamente en el cerebro, sino también en su campo magnético. Aunque esta idea no está respaldada por la ciencia convencional, invita a una exploración más profunda de cómo nuestras experiencias y aprendizajes podrían estar conectados con energías más sutiles. Esto abre un campo fascinante de estudio sobre cómo interactuamos con el mundo y almacenamos información a nivel energético.

Y es que cada una de nosotras emite un campo vibratorio único, reflejando nuestro estado emocional y mental. Este concepto, relacionado con la idea del aura, sugiere que nuestras energías sutiles pueden influir en cómo percibimos y somos percibidas por el mundo. Aunque la ciencia aún no ha validado completamente estas ideas, la percepción intuitiva de estas energías sigue siendo un área de interés en muchas disciplinas.

Estas perspectivas son la invitación perfecta a reflexionar sobre cómo nuestras emociones, energía y percepciones personales pueden influir en nuestra vida diaria y en nuestra comprensión del mundo que nos rodea. Al explorar y entender la profundidad de estas interconexiones, podemos empezar a vivir de una manera más consciente y alineada con nuestras verdaderas intenciones. Y eso es lo que tú y yo merecemos, lo que cualquier persona que lo desee puede lograr.

El poder invisible: la energía de tus pensamientos y emociones

Aunque muchas de estas ideas son fascinantes y pueden tener profundas implicaciones filosóficas y espirituales, es esencial distinguir entre creencias personales y el conocimiento científico establecido. La mayoría de los conceptos que hemos explorado pertenecen al ámbito de la espiritualidad y la metafísica, y su aceptación y validez pueden variar ampliamente según la perspectiva individual y cultural.

Hoy en día se dice que el conocimiento de una persona no solo reside en su cerebro, sino también en su campo magnético. Puedes visualizarlo como un aura alrededor de cada persona, una energía que emite vibraciones. Seguro que alguna vez has sentido buenas o malas vibraciones con alguien, ¿verdad? Eso es básicamente este campo vibratorio que todos emitimos, influenciado por nuestras creencias y pensamientos.

Cuando un pequeño grupo de personas decide ser positivo y trabajar juntas, sus vibraciones se combinan y crean una onda positiva que puede impactar a mucha gente a su alrededor. Esto puede fomentar la colaboración y reducir la agresividad, aunque las personas no sean conscientes del motivo.

Los científicos también nos dicen que todas las personas estamos compuestas por pequeñas partículas cuánticas que pueden hacer cosas asombrosas. Piensa en nosotras como hechas de piezas muy pequeñas que pueden estar en dos lugares a la vez y comunicarse con el pasado y el futuro. Suena un poco loco, ¿verdad? Pero es real, estamos inmersas en un entorno de energía y frecuencias que nos afectan y a todas las personas, y nuestras mentes y emociones pueden influir profundamente en cómo nos sentimos y cómo se desarrolla nuestra vida alrededor nuestro.

Ahora, te invito a prestar atención a estos dos cuentos que compartiré a continuación. Este es el primer paso para trabajar de manera consciente con tus pensamientos, sensaciones y emociones para ejercer tu poder de autocompromiso.

Yo soy Laura, la surfista

En un pequeño pueblo junto al mar, vivía una joven llamada Laura. Desde niña, Laura había soñado con convertirse en una surfista profesional. Pero a medida que crecía, la presión de su familia y amigos para que siguiera una carrera más convencional la llevó a abandonar su pasión por el surf.

Sin embargo, cada vez que veía las olas romper en la playa, sentía un vacío en su corazón. Sabía que su verdadera felicidad estaba en el océano, pero el miedo al fracaso y la falta de confianza en sí misma la mantenían atada a una vida que no la satisfacía por completo.

Un día, mientras caminaba por la playa, Laura se encontró con una anciana sabia que vendía conchas marinas. La anciana, al notar la tristeza en los ojos de Laura, le preguntó qué la afligía.

Con lágrimas en los ojos, Laura confesó su sueño de convertirse en una surfista profesional, pero también compartió sus dudas y temores sobre su capacidad para lograrlo. La anciana sonrió con comprensión y le dijo a Laura que el primer paso para alcanzar sus sueños era comprometerse consigo misma.

Inspirada por las palabras de la anciana, Laura decidió retomar su pasión por el surf. Todos los días, se levantaba temprano para practicar en el mar, enfrentando sus miedos y desafiando sus límites. Con cada ola que surcaba, su confianza crecía y su autoestima se fortalecía.

Con el tiempo, Laura comenzó a competir en torneos locales y su habilidad en el agua no pasó desapercibida. A medida que acumulaba victorias, su confianza en sí misma se disparaba y su autoestima alcanzaba nuevas alturas.

Finalmente, llegó el día en que Laura se enfrentó a su mayor desafío: un campeonato nacional de surf. A pesar de los nervios y las dudas, se lanzó al mar con determinación y valentía. Y cuando el último cuerno sonó y se proclamó campeona, Laura supo que había cumplido su sueño gracias a su compromiso consigo misma.

Desde ese día en adelante, Laura siguió surfeando las olas con alegría y gratitud en su corazón. Sabía que, al comprometerse con su pasión y creer en sí misma, había encontrado la clave para alcanzar la felicidad y la realización en la vida. Y así, con cada ola que surcaba, Laura recordaba el poder del compromiso con una misma y las maravillosas consecuencias que tenía en su confianza y autoestima.

Yo soy Ana, la pintora

En un pequeño pueblo rodeado de colinas verdes y campos dorados, vivía una joven llamada Ana. Ana siempre había soñado con convertirse en una gran pintora, pero por temor al fracaso, había dejado su pasión de lado y se conformaba con una vida tranquila y rutinaria.

Un día, mientras paseaba por el bosque cercano, Ana se encontró con un anciano sabio que vivía en una cabaña en lo profundo del bosque. El anciano, al notar la tristeza en los ojos de Ana, le preguntó cuál era su mayor sueño.

Con timidez, Ana confesó su deseo de ser pintora, pero también compartió sus miedos y dudas sobre su talento. El anciano sonrió con sabiduría y le dijo a Ana que el único obstáculo que la separaba de su sueño era su falta de compromiso consigo misma.

Inspirada por las palabras del anciano, Ana decidió comprometerse plenamente con su pasión por la pintura. Todos los días, dedicaba horas a perfeccionar su técnica, a explorar nuevos estilos y a expresar sus emociones a través del lienzo.

A medida que pasaba el tiempo, Ana comenzó a notar cómo su arte cobraba vida y cómo su confianza en sí misma crecía. Sus pinturas reflejaban la belleza del mundo que la rodeaba y el brillo de su alma comprometida.

Finalmente, llegó el día en que Ana organizó su primera exposición de arte en el pueblo. Sus obras atrajeron la atención de todos, y la sala se llenó de admiradores que quedaron cautivados por la profundidad y la pasión de sus pinturas.

En ese momento, Ana se dio cuenta de que el verdadero compromiso consigo misma no solo la había llevado a cumplir su sueño de ser pintora, sino que también había transformado su vida por completo. Ahora sabía que, con determinación y perseverancia, era capaz de lograr cualquier cosa que se propusiera. Y así, con el corazón lleno de gratitud y alegría, Ana siguió pintando su camino hacia un futuro lleno de posibilidades infinitas.

Autocompromiso como fuerza motriz de tu mundo

Siempre he encontrado mucho consuelo en una frase que resonaba profundamente en mí durante momentos difíciles y decisiones cruciales en mi desarrollo personal y profesional. "Tú da el primer paso y el universo te seguirá". Una frase que me he repetido y que sigo repitiendo, como acto de fe y confianza en la vida a través de mí misma.

Te propongo ahora un pequeño ejercicio: identifícate con una de las protagonistas de los relatos de arriba. Imagínate que tienes dos caminos frente a ti, dos opciones de vida esperando tu elección. ¿Cuál elegirías? Si tuvieras que decidir entre Laura y Ana, ¿con quién te identificas más? Tal vez te veas reflejada en una de ellas, en ambas, o quizás en ninguna. No hay respuestas correctas ni incorrectas aquí.

Ahora, te invito a escribir tu propia historia. Comienza con las palabras "Yo soy..." y describe con detalle tu experiencia como si la estuvieras viviendo en este preciso momento. Usa todos tus sentidos para sumergirte en la escena: cómo se siente el ambiente a tu alrededor, qué aromas percibes, qué emociones te invaden y qué sonidos llenan el espacio. No te preocupes por la perfección, simplemente deja que tus palabras fluyan libremente.

Vamos, es hora de atreverse a soñar despierta. Este momento es todo tuyo para ser quien realmente eres y experimentar la libertad de tomar el control de tu vida, contigo misma como única compañía.

Identifica tu diálogo interno, háblate con amabilidad, escúchate con atención

Para comprender la energía que generan tus pensamientos, es muy importante prestar atención al diálogo interno que se entrelaza con las imágenes mentales que generas. La escucha y la visión interna son parte integral de este proceso que te propongo para desarrollar una confianza inquebrantable en ti misma, fundamental para construir una sólida autoestima.

El primer paso es tomar conciencia de las palabras o frases emocionales que forman parte de tu vocabulario diario. Sin esta conciencia, es imposible iniciar un cambio en tu energía mental, y por ende, no veremos transformaciones en tu estilo de vida, actitudes y habilidades para cultivar esa autoconfianza que hará que logres tus objetivos.

Te invito a hacer una lista escrita de todas esas palabras o frases que te dices a ti misma a lo largo del día. Mantén una actitud de observación y escucha durante al menos siete días, sin preocuparte por otras sensaciones o emociones que puedas experimentar durante tu diálogo interno.

Descubrir cómo te relacionas contigo misma es clave para tu desarrollo personal. ¿Tu diálogo interno es amigable, autoritario, exigente o carente de aprecio? Vamos a explorar tanto los aspectos negativos como los positivos para luego crear un nuevo diálogo interno transformador.

Es importante observar sin juzgar las palabras o frases que surjan, permitiéndoles fluir desde tu subconsciente. Dedícate tiempo en un lugar tranquilo y sin interrupciones, conectándote con tu cuerpo a través de tres respiraciones profundas centradas en el corazón.

Agradece este espacio y tiempo dedicado únicamente para sentirte mejor contigo misma. Después, clasifica las palabras según te produzcan bienestar emocional o no. Este ejercicio te ayudará a construir un diálogo interno más positivo y fortalecerá tu autoconfianza.

Aquí tienes un ejemplo de cómo podría ser ese diálogo interno y la imagen mental asociada:

1ª Lista	**2ª Lista de Transformación**
Está mal	Puedo aprender a hacerlo mejor
No es así	Puede ser de otra manera
No sé hacerlo bien	Puedo mejorar aprendiendo
Siempre me equivoco	A veces me equivoco, pero rectifico
No puedo	Si me lo propongo, puedo experimentar

Utiliza tu lista personal de transformación para tu diálogo interno siempre que lo necesites, hasta que se convierta en un hábito familiar para tu mente. De esta manera, tu mente trabajará a tu favor, creando una energía de autoconfianza que te beneficiará en múltiples aspectos de tu vida diaria.

Para superar los pensamientos de no sentirse capaz y la vulnerabilidad oculta bajo la culpa, es necesario comprender las reglas de la mente según los últimos estudios de neurociencia y psicología. En mi caso personal, estas reglas me ayudaron a descubrir mi propia esencia de empoderamiento y liberación emocional.

Permíteme ahora enumerar estas reglas para que puedas incorporarlas en tu camino hacia una mayor autoconfianza y realización personal:

- Lo que esperas de tu nivel de confianza tiende a cumplirse.
- La imaginación es más poderosa que el conocimiento.
- La imaginación es más poderosa que la lógica.
- Tu mente siempre hace lo que cree que tú quieres que haga.
- Tu mente trabaja para alejarte del dolor y llevarte hacia el placer.
- Tu mente responde a tus imágenes mentales y a tu diálogo interno.
- Tu mente aprende por repetición.
- Tu mente ama lo que le resulta familiar.
- Primero creamos nuestras creencias, y luego nuestras creencias nos crean a nosotras.

Las Reglas de la Mente

Estas reglas están inspiradas en los programas de formación de Marisa Peer, una reputada psicoterapeuta conocida por su enfoque en la psicología de la autoestima y la confianza en una misma. A continuación, encontrarás una adaptación de sus "9 normas de la mente", diseñadas para fortalecer tu confianza personal:

1. La mente siempre hace lo que piensa que quieres:Tu mente está programada para seguir tus instrucciones, así que asegúrate de darle órdenes claras y positivas sobre confiar en ti misma.

2. Lo que crees acerca de ti misma se convierte en realidad: Si crees que eres digna de confianza y capaz, actuarás de acuerdo con esa creencia y lograrás tus metas.

3. La mente más fuerte gana: Si mantienes pensamientos positivos y constructivos sobre ti misma, tu confianza crecerá y te ayudará a superar los desafíos.

4. Cada vez que haces algo, te estás entrenando a ti misma: Cada pequeño logro o paso adelante en el que confíes en ti misma, refuerza esa creencia y fortalece tu autoestima.

5. Lo que tienes que hacer para cambiar tu vida es cambiar tus pensamientos: Si quieres aumentar tu confianza en ti misma, comienza por cambiar tus pensamientos negativos por otros más positivos y constructivos.

6. El único límite que tienes es el que estableces tú misma: No te limites con pensamientos de duda o miedo. Cree en tu capacidad para lograr lo que te propongas.

7. Lo que tú dices después de "Soy" es lo que tú eres: Usa afirmaciones positivas para reforzar tu confianza en ti misma. Por ejemplo, "Soy capaz", "Soy digna de confianza", "Soy valiosa".

8. Tu mente responde a tus palabras y a tus imágenes: Utiliza el poder de la visualización positiva para imaginar y experimentar tu éxito y confianza en ti misma.

9. Los pensamientos que sostienes y las palabras que usas se convierten en tu realidad: Alimenta tu mente con pensamientos positivos y constructivos para construir una base sólida de confianza en ti misma.

Las Reglas de la Mente

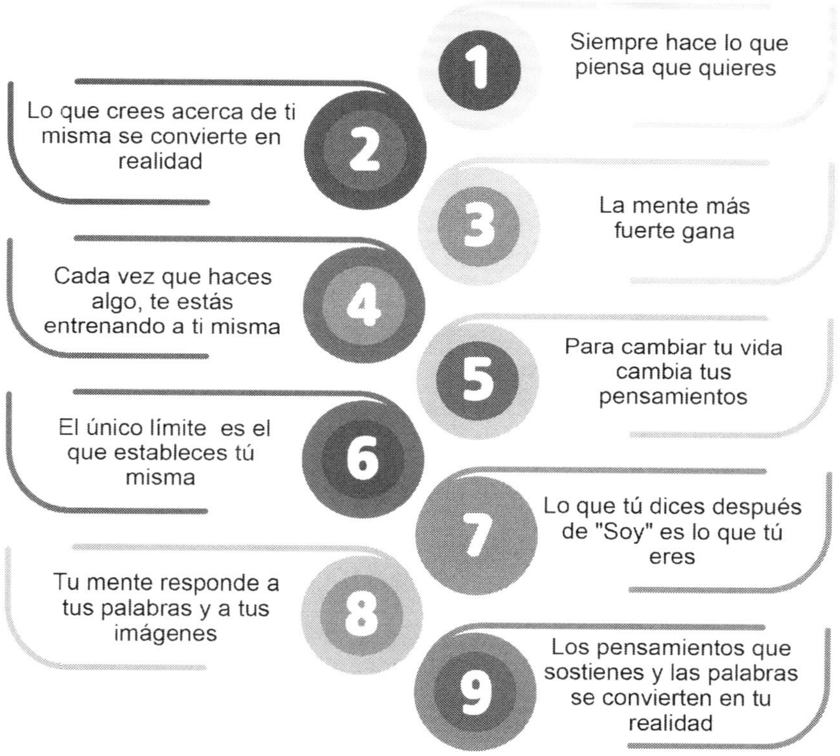

La confianza en ti misma son los nutrientes que absorben las raíces de tu identidad para brillar con fuerza. Cuanto más profundas sean, cuanto más arraigadas estén en el amor y la alegría, más fácil será mantener a raya los negros nubarrones de la desesperanza y sus tormentas. Brilla, brilla con intensidad. La confianza es una habilidad que se puede desarrollar y fortalecer con el tiempo y la práctica. Utiliza estas normas como guía para cultivar una mentalidad positiva y creer en tu capacidad para alcanzar tus metas y sueños.

Consejos para cultivar tu Autoconfianza

Despierta cada mañana con la certeza de que eres única y valiosa, simplemente por ser quien eres. No necesitas compararte con nadie más. Tu valor no se mide en comparación con otros, eres un ser especial y digno de amor y respeto. Tus pensamientos pueden ser tus mayores aliados o tus peores enemigos. Aprende a reconocer y desafiar esos pensamientos negativos que minan tu confianza. Cultiva una mentalidad positiva y amable contigo misma. Háblate con la misma amabilidad y comprensión con la que hablarías a una amiga querida.

Cuando alguien te elogie, sonríe y acéptalo con gratitud. Permítete reconocer tus logros y méritos sin minimizarlos ni desviar la atención. Celebra cada pequeño triunfo como un paso significativo en tu camino hacia la autoconfianza. Tu valía no depende de la aprobación de los demás. Confía en tus propias opiniones y decisiones. Aprende a ser tu mayor defensora y a seguir tu intuición. La validación más importante es la que proviene de tu propio corazón.

Cierra los ojos y utiliza la visualización creativa para imaginar y experimentar el éxito en situaciones que te desafíen. Cree en tu capacidad para superar obstáculos y alcanzar tus metas. Piensa en cada desafío como en una oportunidad para crecer y demostrarte de lo que eres capaz. Cuando enfrentes estos desafíos y adversidades, adopta una mentalidad orientada hacia soluciones. Confía en tu capacidad para encontrar respuestas creativas y superar obstáculos. Cada problema tiene una solución, y tú tienes la fuerza para encontrarla.

Pero, también, reconoce y acepta que eres humana y que cometer errores es parte del crecimiento y el aprendizaje. Aprende a perdonarte a ti misma y a seguir adelante con determinación. Tus imperfecciones no te definen, son simplemente parte de tu viaje.

Y no te olvides de cultivar una actitud de gratitud hacia ti misma y hacia tu vida. Reconoce y aprecia tus fortalezas, logros y experiencias positivas. Cada día, encuentra algo por lo cual estar agradecida. La gratitud es un poderoso recordatorio de tu valor y potencial únicos.

Fíjate, lo estás logrando, estás construyendo una base sólida de amor propio y aceptación. Sigue adelante con valentía y determinación, sabiendo que eres capaz de lograr todo lo que te propongas. Verás cómo el horizonte que anhelas cada vez se ve más cerca, y cómo tu energía vibratoria se eleva hasta niveles que te harán sentir poderosa, existiendo desde el amor y no desde la tristeza o la desesperación.

Hacia la prosperidad y la abundancia

La mejor noticia que puedo darte es que tú tienes el control de tu vida y tu mente. Tu mente es tu aliada más fiel, una herramienta poderosa que está a tu disposición para tu beneficio y felicidad. Comprender cómo funciona y aprender a utilizarla para desarrollar todo tu potencial, fuerza y templanza es tu mayor logro, pero también supone una gran responsabilidad a nivel emocional e intelectual. Y es que este conocimiento te lleva a una vibración energética saludable, una que refleja tu autoconfianza y autoestima natural. Por eso debes cuidarte, quererte, valorarte. Tanto tu salud mental como la física son claves para lograr el bienestar.

Y no solo eso, también para ser feliz; para que la alegría fluya por tus células como un torrente imparable. De este modo, tus objetivos vitales estarán tan solo a un paso de cumplirse: a un paso de un sentimiento, de una emoción y de un pensamiento. Siente, imagina o piensa que este camino que estás emprendiendo te transportará hacia la prosperidad y la abundancia, eliminando esos límites que alguna vez te impusiste.

En el próximo capítulo, exploraremos juntas las emociones que guían la manifestación de la vida que deseas y mereces. Profundizaremos en las leyes que rigen nuestra mente y nuestros pensamientos, conectando emociones positivas con la confianza y la autoestima, para que puedas diseñar una vida plena y satisfactoria en todos los niveles.

Estoy emocionada de que estés avanzando en este camino, porque significa que has decidido merecer una vida abundante y próspera, llena de confianza y autoestima. Este viaje es tuyo y cada paso que das es una afirmación de tu valentía y tu deseo de vivir plenamente. ¡Vamos a por ello juntas!

Capítulo 6

LA ALEGRÍA DE VIVIR

"La felicidad es la finalidad última de la existencia humana".
Aristóteles

El amor y su vínculo con el universo

Dicen que el amor no tiene cura, pero que es la única cura para todos los males. Estoy de acuerdo solo en la mitad de esta afirmación. Es verdad que la energía del amor es sanadora y transformadora, que sirve para aceptarnos a nosotras mismas y a los demás. Que las acciones realizadas desde el amor son poderosas, perdurables y exitosas, mientras que las que nacen fruto de la ira, la rabia o el dolor solo envenenan y destruyen lo hermoso que hay en ti. Porque sí, el amor lo conquista todo. Pero no como un virus que infecta, sino como una luz que ahuyenta las tinieblas y aporta calidez. Por lo tanto, el amor no necesita ser curado, como tampoco debe ser curada la alegría o la calma. Al contrario, el amor debe ser cuidado, protegido, compartido y alimentado. Porque "amor" es una palabra de cuatro letras que marcan tu destino. Cuatro letras que te invitan a soñar. Que te dicen, con voz calmada y suave, que estás viva.

Y con estas cuatro letras vamos a avanzar hacia la construcción de tu Mapa Emocional, al que llamaremos, como no podía ser de otra manera, A.M.O.R. (Atención Mantenida en la Oración de la Retención).

Este enfoque consiste en concentrar tu atención de manera prolongada en una emoción positiva para convertirla en tu oración interna, liberándote así de emociones negativas como culpa, rabia, frustración, miedo o dolor.

La emoción que utilizaremos como vehículo de transformación es la alegría de vivir, asociada siempre con el amor y la plenitud, en armonía con la fluidez y la abundancia en todas sus formas, no solo materiales. Vamos a enfocarnos intensamente en cualquier situación, persona o experiencia que nos haya brindado una gran dosis de felicidad y alegría en la vida. Tu mente lo asimilará como algo familiar y real a nivel emocional, desencadenando los químicos relacionados con esta emoción.

En este proceso, incorporar los remedios florales a tu mente, emociones y cuerpo físico supone un hermoso acto de autocuidado. Toma las esencias florales y absorbe su energía vibracional, especialmente la del amor, la más poderosa del universo. Siguiendo las enseñanzas de Bach, sabemos que el miedo no se disipa con más miedo, sino con amor concentrado y abundante, transformando lo negativo en positivo.

Visualiza esta transformación de manera consciente y creativa. Cierra los ojos y detalla las sensaciones físicas, los olores y las texturas. Permítete sentir cómo esta energía amorosa fluye desde tu cabeza hasta tus pies. Acompaña este proceso con tres respiraciones profundas que te conecten firmemente con la tierra. Imagina raíces profundas que se extienden desde la planta de tus pies hasta el núcleo terrestre, absorbiendo fuerza, equilibrio y nutrición como una luz blanca y brillante.

Después de unos momentos de reposo, respira profundamente. Con cada exhalación, sueltas tensiones y preocupaciones. Con cada inhalación, absorbe la alegría y la paz de tu visualización consciente. Permite que esta alegría se expanda por todo tu cuerpo. Muévete suavemente para liberar cualquier bloqueo en tus piernas, brazos, cuello y cabeza.

Dedica al menos de diez a quince minutos a esta práctica, idealmente por la mañana al despertar y antes de dormir. Puedes repetirla a lo largo del día para convertirla en un hábito de relajación y liberación emocional.

Estos ejercicios, junto con los relatos cortos que siguen a continuación, te ayudarán a integrar y asimilar, más fácilmente, la idea del apego emocional, una noción que puedes compartir y recordar con tus seres queridos, celebrando la alegría y el amor en relaciones basadas en un vínculo sano y sin condiciones. Reflexiona sobre cómo experimentas la energía del amor en tu vida cotidiana y adáptala a cómo la percibes o vives a través de tus propias experiencias y relaciones personales. Al hacerlo, estarás dando un paso significativo de toma de consciencia hacia una vida más sana y equilibrada, donde el amor incondicional, y esto no quiere decir permisivo, siempre tendrá un lugar entre las paredes de tu corazón.

La mariposa y la araña

Había una vez, en un pequeño pueblo, una sabia anciana que solía pasear por los campos al atardecer. Un día, mientras caminaba, encontró una hermosa mariposa atrapada en una telaraña. La mariposa luchaba desesperadamente por liberarse, pero cuanto más se movía, más se enredaba en la telaraña.

La anciana se acercó con ternura y observó a la mariposa por un momento. Luego, con cuidado, comenzó a desenredarla de la telaraña. La mariposa, al principio, estaba asustada y desconfiada, pero pronto se dio cuenta de que la anciana no le quería hacer daño.

Finalmente, la anciana logró liberar por completo a la mariposa, y esta voló con gratitud hacia el cielo. Pero para sorpresa de la anciana, la mariposa no se alejó demasiado. En cambio, se quedó revoloteando alrededor de ella, como si estuviera agradecida y no quisiera dejarla.

La anciana sonrió con tristeza mientras observaba a la mariposa. Sabía que la mariposa había desarrollado un apego emocional hacia ella por haberla liberado de la telaraña. Aunque ella había sido quien la había ayudado a ser libre, la mariposa ahora dependía de ella emocionalmente.

Entonces la anciana reflexionó sobre el apego emocional y cómo a menudo nos aferramos a las personas y a las cosas que nos han brindado consuelo o ayuda en momentos difíciles. Nos sentimos seguras y protegidas en su presencia, pero a veces eso nos impide volar hacia nuevas experiencias y oportunidades.

Así que la anciana decidió dejar que la mariposa siguiera su camino, sabiendo que era lo mejor para ambas. Y mientras la mariposa se alejaba lentamente, la anciana sonrió con serenidad, sabiendo que había aprendido una importante lección sobre el desapego emocional y la libertad interior.

La alondra y el ruiseñor

En un tranquilo pueblo rodeado de montañas, vivía un anciano sabio llamado Tao. Tao era conocido por su profunda sabiduría y su capacidad para transmitir enseñanzas a través de simples cuentos.

Un día, una joven llegó al pueblo en busca de consejo. Estaba afligida por el dolor del apego emocional y buscaba comprensión y orientación.

Tao lo invitó a sentarse a su lado bajo un árbol frondoso y comenzó su relato:

"Había una vez un pájaro llamado Alondra que vivía en un hermoso jardín. Alondra era libre y feliz, volando de flor en flor y cantando melodías alegres al amanecer y al atardecer.

Un día, Alondra conoció a otro pájaro, llamado Ruiseñor, y quedó cautivada por su dulce canto y su gracia al volar. Pronto, Alondra se encontró cada vez más tiempo en compañía de Ruiseñor, y comenzó a depender de su presencia para sentirse completa.

A medida que pasaba el tiempo, Alondra se dio cuenta de que su felicidad dependía del Ruiseñor, y comenzó a temer perderlo. Se aferró con fuerza a él, temiendo que, si se alejaba, su felicidad se desvanecerá.

Pero un día, Ruiseñor decidió emprender su propio camino y volar hacia nuevos horizontes. Alondra se sintió devastada y perdida sin él. Lloró amargamente y se preguntó cómo podría seguir adelante sin su amado Ruiseñor.

Entonces, en medio de su dolor, Alondra recordó las palabras de un sabio que había conocido en su juventud. El sabio le había enseñado sobre el verdadero significado de la libertad y el amor incondicional.

Con el corazón apesadumbrado, pero lleno de determinación, Alondra decidió liberarse del apego emocional que la ataba a Ruiseñor. Aprendió a encontrar su propia felicidad en el vuelo solitario, en la belleza del jardín y en el canto de su propio corazón.

Con el tiempo, Alondra descubrió que la verdadera libertad y felicidad no dependían de la presencia o ausencia de Ruiseñor, sino de su capacidad para amarse y valorarse a sí misma, independientemente de las circunstancias externas.

Y así, Alondra voló con gracia y ligereza, recordando siempre que el verdadero amor es aquel que nos permite ser libres y completos, incluso en la ausencia del ser amado".

La joven escuchó con atención el relato del sabio Tao y se sintió profundamente conmovida por su mensaje de liberación y autoaceptación. Con un corazón más ligero y una mente más clara, se despidió del anciano y partió hacia un nuevo amanecer, lista para liberarse del apego emocional y abrazar la vida con renovada libertad y serenidad.

La Teoría del Apego: definición y tipos

¿Qué tienen en común los dos cuentos que acabas de leer? Exacto, ambos tratan sobre el apego emocional. Para explicar este concepto, lo mejor es hacerlo a través de la Teoría del Apego de John Bowlby. Esta teoría destaca la importancia del vínculo emocional en la infancia, ofreciendo una comprensión fundamental sobre cómo estos vínculos influyen en nuestras relaciones y en nuestra capacidad para relacionarnos de manera saludable tanto con los demás como con nosotras mismas.

La mágica Teoría del Apego de John Bowlby en la niñez.

Piensa en el apego como un vínculo emocional profundo y duradero que se forma entre dos personas. Este vínculo es fundamental desde los primeros meses de vida hasta la edad adulta. En esencia, el apego es buscar cercanía con otro y sentir seguridad en su presencia. Bowlby, con su teoría, nos enseñó que los primeros lazos que formamos con nuestros cuidadores (generalmente nuestros padres) tienen un impacto significativo a lo largo de toda nuestra vida. Estos vínculos no solo fomentan la proximidad física por instinto de supervivencia, sino que también promueven una sensación de seguridad esencial para nuestro desarrollo emocional.

La teoría del apego subraya la importancia de que los cuidadores respondan de manera disponible y afectuosa a las necesidades básicas del bebé. Cuando esto ocurre, el niño desarrolla una confianza inicial en que sus necesidades serán satisfechas y que puede explorar el mundo con seguridad. Es, por tanto, la base segura que impulsa al niño a aventurarse y aprender con una sensación de protección y apoyo constantes.

John Bowlby lo expresó así:

"La confianza ilimitada en la accesibilidad y apoyo que pueden brindar las figuras de apego constituye la base de desarrollo de una personalidad estable y segura de sus propias fuerzas".

En nuestro camino por entender el apego emocional, encontramos que existen cuatro estilos que se desarrollan en respuesta a la atención que los niños reciben de sus progenitores u otros cuidadores durante la infancia: seguro, ansioso-ambivalente, evitativo y desorganizado. Cada uno de estos estilos moldea profundamente nuestras relaciones y nuestra forma de interactuar con el mundo.

Apego seguro

Es el que experimenta un niño pequeño que se siente molesto cuando su cuidador se va, pero experimenta una inmensa alegría cuando regresa. Cuando está asustado, busca consuelo en sus padres o cuidadores, y se siente feliz cuando una de estas figuras inicia el contacto con él. Este niño tiene un apego seguro. Sus padres juegan activamente con él y responden rápidamente a sus necesidades, creando un ambiente de confianza y amor.

Como adulto, alguien con apego seguro:

- Disfruta de relaciones de confianza y duraderas.
- Tiene una buena autoestima.
- Se siente cómodo compartiendo sentimientos con personas de confianza.
- Busca y valora el apoyo social.

Es natural esperar que todos formemos un vínculo seguro con nuestros cuidadores, pero la realidad a veces es diferente. La capacidad de los cuidadores para responder a las necesidades del bebé durante su primer año de vida influye enormemente en el tipo de apego que el niño desarrollará en la vida adulta.

Apego ansioso-ambivalente

Ahora, piensa en un niño que desconfía de los extraños y muestra una gran angustia cuando se separa de sus padres. A diferencia de un niño con apego seguro, este niño no se tranquiliza completamente cuando sus padres regresan. A veces, incluso, puede mostrar rechazo hacia ellos. Este tipo de apego se desarrolla cuando los padres o cuidadores están disponibles solo de manera limitada.

Como adulto, alguien con apego ansioso-ambivalente:

- Es reacio a acercarse a los demás.
- Se preocupa constantemente de que su pareja no lo quiera.
- Siente una profunda angustia cuando las relaciones terminan.

Apego evitativo

Luego, tenemos al niño con apego evitativo, que tiende a evitar el contacto con sus padres o cuidadores. Durante los periodos de separación, esta evitación se hace más evidente. Aunque estos niños no rechazan la atención de sus padres, tampoco la buscan activamente. Para ellos, no hay una diferencia clara entre un progenitor y un desconocido.

Como adulto, alguien con apego evitativo:

- Puede tener problemas con la intimidad y desarrollar miedo al compromiso.
- No invierte emocionalmente en sus relaciones personales y sociales.
- No está dispuesto a compartir pensamientos o sentimientos con los demás.

Apego desorganizado

Por último, este apego es el que siente un niño que muestra una ausencia clara de vínculo estable con sus cuidadores. Sus respuestas son una mezcla confusa de comportamientos: evitación, resistencia o aprensión hacia sus cuidadores. Algunos incluso pueden asumir roles de cuidadores de sus propios padres. Este estilo de apego desorganizado surge cuando los cuidadores son fuentes tanto de miedo como de consuelo, alternando entre estos roles de manera inconsistente.

Como adulto, alguien con apego desorganizado:

- Experimenta relaciones amor-odio.
- Tiene relaciones inestables y teme el abandono.
- Encuentra dificultades para intimar y carece de confianza en los demás.

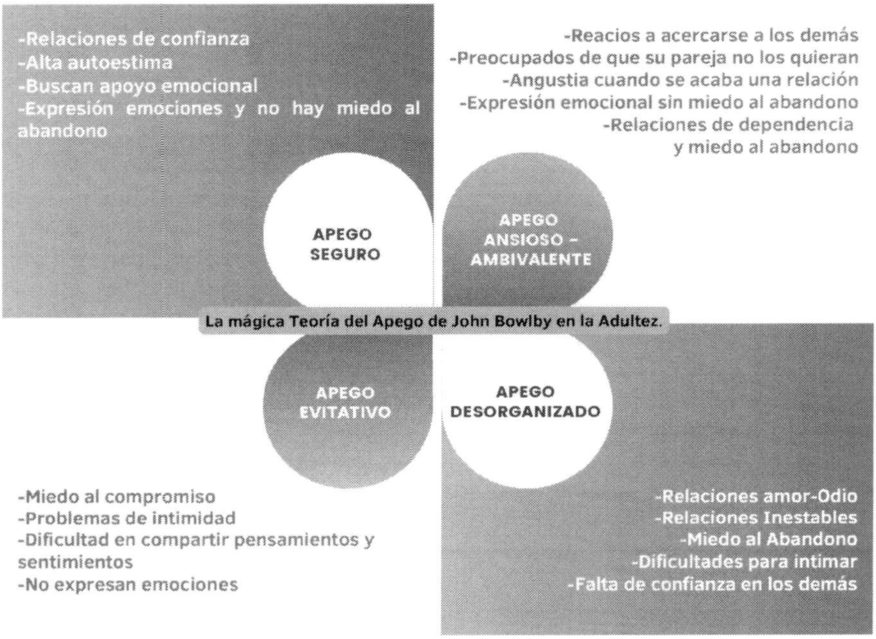

Lo que sentimos en la infancia nos define como personas adultas

Al fijarte en estos estilos de apego, es posible que te reconozcas en uno de ellos o quizás en una combinación de varios. Reflexionar sobre tu estilo de apego puede ser un paso significativo para entender tus propias relaciones y trabajar hacia una vida emocionalmente más saludable. Para mí, personalmente, reconozco que mi historia se alinea con el apego evitativo. Este reconocimiento me ha permitido comprender mejor mis relaciones personales y de pareja, así como mi autoestima y autoconfianza, y comprender que la libertad e independencia emocional están muy estrechamente relacionadas con estas implicaciones de apego emocional.

Como ves, la teoría del apego nos muestra que los seres humanos tienen una necesidad fundamental de establecer vínculos afectivos, principalmente con sus cuidadores primarios, generalmente los padres. Estos vínculos no solo proporcionan seguridad emocional, sino que también son fundamentales para explorar el mundo y desarrollar relaciones futuras.

John Bowlby, psicólogo que trabajó casi toda su vida en Londres, observó de primera mano la importancia de la dinámica entre padres e hijos. Su trabajo con niños reveló cómo esta dinámica influye en el desarrollo social, emocional y cognitivo. Esto le llevó a definir el apego como "un vínculo emocional profundo y duradero que conecta a una persona con otra a través del tiempo y el espacio".

Bowlby y su colega Robertson descubrieron que los niños mostraban angustia cuando se separaban de sus padres, revelando así la naturaleza crítica del apego en la infancia. Los comportamientos de búsqueda de cercanía y consuelo hacia la figura de apego son indicativos del tipo de apego que un niño desarrolla.

Reflexionar sobre tus experiencias de apego puede ser revelador para entender tus relaciones actuales. Identificar patrones de apego en tus relaciones personales y de pareja te ayuda a reconocer posibles sentimientos de inseguridad o dependencia emocional. Este autoconocimiento es muy importante para liberarte de patrones que puedan limitar tu confianza en ti misma y tu felicidad.

Como sabes, las esencias florales son una herramienta muy poderosa para trabajar internamente en la liberación emocional del apego y la dependencia. Explorar estas soluciones puede abrirte camino hacia una mayor autonomía emocional y bienestar personal. Sírvete de su poder sanador, de sus beneficios. Da el paso para liberarte de cadenas y sustitúyelas por vínculos afectivos saludables.

A continuación, te dejo otra píldora en forma de cuento breve con el que te invito a reflexionar sobre el apego y la alegría. Después, te explico qué esencias florales pueden ayudarte en tu proceso de transformación, porque la crisálida está a punto de abrirse y dejar ver a una hermosa mariposa.

Esperanza y la rosa

Había una vez una jardinera llamada Esperanza, que cuidaba con esmero un hermoso jardín en el corazón de la ciudad. En este jardín, crecían las flores más exquisitas y las plantas más frondosas, y su belleza era admirada por todos los que pasaban por allí.

Esperanza estaba especialmente orgullosa de una flor en particular: una rosa roja que había cultivado con amor y dedicación desde que era solo un capullo. Esta rosa era la más hermosa de todas, con pétalos suaves como terciopelo y un aroma embriagador que llenaba el aire a su alrededor.

La jardinera había desarrollado un fuerte apego emocional hacia esta rosa. La cuidaba con celo, temiendo que algo malo le pudiera pasar. Pasaba horas cada día regándola, podándola y protegiéndola de cualquier amenaza que pudiera dañarla.

Un día, mientras Esperanza estaba ocupada cuidando otras plantas en el jardín, una tormenta repentina azotó la ciudad. El viento soplaba con fuerza y la lluvia caía torrencialmente, sacudiendo las delicadas flores y arrancando las ramas de los árboles.

Cuando la tormenta finalmente cesó y Esperanza regresó al jardín, se llenó de horror al ver el estado en el que se encontraba su rosa. Sus hermosos pétalos estaban destrozados, sus tallos doblados y sus hojas marchitas por la lluvia y el viento.

La jardinera se sintió abrumada por la tristeza y la desesperación. Había invertido tanto tiempo y energía en cuidar esa rosa, solo para verla destruida en cuestión de minutos. Se culpaba a sí misma por no haberla protegido lo suficiente, por no haber hecho más para salvarla.

Pero entonces, en medio de su dolor, Esperanza se dio cuenta de algo importante: su apego emocional hacia la rosa había nublado su juicio y había distorsionado su percepción de la realidad. Había puesto tanto énfasis en protegerla y preservar su belleza que se había olvidado de que las cosas en la vida son impermanentes y que el cambio es inevitable.

Con el corazón lleno de humildad y aceptación, la jardinera se arrodilló junto a la rosa herida y comenzó a cuidarla con ternura. Podó las ramas rotas, quitó las hojas marchitas y la protegió con un paño suave para que se recuperara del trauma de la tormenta.

Con el paso de los días, la rosa empezó a sanar y a recobrar su belleza perdida. Sus pétalos volvieron a abrirse, más fuertes y radiantes que nunca, y su fragancia llenó de nuevo el aire con su dulce aroma.

Desde entonces, Esperanza aprendió a apreciar la belleza de su jardín sin aferrarse demasiado a ninguna de sus flores. Comprendió que el verdadero amor y cuidado no significaba proteger a las cosas de la vida, sino permitirles crecer y florecer, incluso en medio de la adversidad y el cambio.

Y así, con el corazón lleno de gratitud y sabiduría, Esperanza continuó cuidando su jardín con amor y devoción, sabiendo que, al final, todas las cosas vuelven a su lugar en el ciclo eterno de la vida.

***Wild Rose:* la energía de la alegría a través de las esencias florales**

Wild Rose (Escaramujo o Rosa silvestre) es la flor que trae esperanza a aquellos que parecen aceptar la vida sin esfuerzo, sin quejas ni amargura. Aunque puedan parecer conformes, en realidad se resignan y se dejan llevar, sin buscar cambios ni crecimiento personal. Es como si vivieran en una especie de apatía, sin el fuego que impulsa la búsqueda de algo más.

Esta flor, con su energía vibrante, tiene el poder de despertar un nuevo interés genuino por la vida. De repente, la vida se llena de colores más brillantes, y los días tienen un significado más profundo. Las puertas hacia una mayor alegría y disfrute se abren de par en par, invitándote a explorar y a sentir de verdad.

Wild Rose te anima a fluir con la vida, sin perder tu capacidad de sentir pasión y entusiasmo por lo que haces y experimentas. Es un suave recordatorio de que dentro de ti reside una chispa esperando ser avivada para generar un enorme incendio, controlado e inofensivo, pero intenso y brillante.

La descripción del Dr. Bach:

"Aquellos que, sin razón aparentemente suficiente, se resignan a todo lo que sucede, y solo se deslizan por la vida, la toman como viene, sin ningún empeño por mejorar las cosas y encontrar un poco de alegría. Se han rendido a la lucha por la vida sin quejarse."

– Los Doce Curadores y Otros Remedios

Willow: Amor sin condiciones

Willow (Sauce) es la flor que ofrece consuelo a quienes se sienten atrapados en el resentimiento y la amargura por el rumbo que han tomado sus vidas. Es para aquellas personas que, con frecuencia, se enfocan en lo que ha salido mal y encuentran difícil alegrarse por los éxitos y la felicidad de los demás. Esta amargura puede convertirse en una carga pesada, oscureciendo incluso los momentos más brillantes.

Así, esta flor es un bálsamo suave que infunde optimismo y renueva la fe en la vida. Tiene el poder de transformar la tendencia a criticar y centrarse en lo negativo, invitándote a adoptar una actitud más generosa y elogiosa hacia los demás. Al volverte consciente de cómo tus pensamientos pueden atraer más de lo mismo, comienzas a ver cómo el cambio en tu perspectiva abre puertas a nuevas oportunidades y fortuna.

Willow te invita a liberarte del resentimiento que te ata y a encontrar un camino hacia la gratitud y la apertura emocional. Deja ir el dolor de viejas heridas ansiosas por cicatrizar y permite que la luz de la positividad ilumine todas las estancias de tu corazón.

La descripción del Dr. Bach:

"Para aquellos que han sufrido adversidad o desgracia y la encuentran difícil de aceptar sin quejas o resentimiento, ya que juzgan la vida en gran medida por el éxito que trae. Sienten que no han merecido tanta adversidad, que es injusto, y se amargan. A menudo muestran menos interés y menor actividad en las cosas de la vida que antes gozaban."

– Los Doce Curadores y Otros Remedios

Poder para crear armonía o caos

Tu mente es tu aliada más poderosa, lo hemos visto unas cuantas páginas atrás. Sabes lo importante que son los pensamientos y cómo su energía es capaz de transformar la realidad, como si el mundo fuera un trozo de arcilla que tú puedes moldear. Aprovecha ese potencial para mejorar tu vida y alcanzar la confianza y el bienestar que mereces.

Ahora que sabemos que los pensamientos tienen el poder tanto de la armonía como del caos, profundicemos un poco más en las reglas de la mente que exploramos en el capítulo anterior para que puedas aplicarlas en tu día a día.

Cuando deseas algo, tiende a cumplirse

La ciencia ha demostrado que las afirmaciones negativas como "si veo comida, engordo" pueden desencadenar la producción de cortisol, la hormona del estrés que contribuye a la acumulación de grasa en el cuerpo. Sin embargo, puedes usar este conocimiento a tu favor.

Ejemplo: "Si tengo buenas ideas, actúo con autoconfianza".

La imaginación es más poderosa que la mente

Cuando piensas en algo y la lógica te dice que no es posible, simplemente no existe. Sin embargo, los avances más grandes en la medicina y en la vida misma no ocurrieron hasta que alguien pudo visualizarlos y creer en ellos. Tú también tienes ese poder. Puedes diseñar cada detalle de cómo quieres que sea tu vida. Atrévete a inventarla y a ser una fuente de inspiración para aquellos que creen que ciertas cosas no son alcanzables.

Ejemplo: "Me imagino valiente y llena de valor en todo lo que hago".

La imaginación es más poderosa que la lógica

Si estás al borde de un precipicio, tu imaginación rápidamente te advierte del peligro de caer. En la batalla interna entre la lógica y la imaginación, esta última siempre tiene la ventaja. ¿Por qué no usarla a tu favor? Imagina que eres un ser lleno de confianza y abundancia: rico, saludable y amado. Visualiza esta realidad y podrás hacer que suceda.

Ejemplo: "Me imagino como un ser abundante en autoconfianza".

Tu mente siempre hará lo que cree que tú quieres que haga

Si te repites a ti misma: "no soporto que la gente me rechace o me juzgue...", estás indicando a tu mente que quieres evitar esa situación. Convéncete de que si no has logrado algo todavía, es porque tu mente interpreta que no lo deseas realmente. Por eso, es muy importante decirle claramente a tu mente lo que realmente quieres: ser una persona confiada, amada y respetada, y estar dispuesta a hacer lo necesario para lograrlo. Cuando te comunicas esto a ti misma, tu mente te proporciona la energía y el enfoque necesarios para perseguir tus objetivos.

Ejemplo: "Quiero crear mi propia energía de confianza".

Tu mente trabaja para alejarte del dolor y llevarte hacia el placer

Si te dices a ti misma que "amas todo lo que te hace sentir abundante en confianza", tu mente se encargará de guiarte del dolor al placer. Por instinto de supervivencia, su misión es alejarte de lo que te causa dolor y sufrimiento, pero tú decides qué te proporciona placer y qué no. La escasez siempre conlleva dolor, mientras que la abundancia está asociada con el bienestar. Por tanto, elige todo aquello que te acerque a una confianza abundante a través de tu propia autoestima.

Ejemplo: "Amo sentir placer en ser y hacer de mí una persona de autoconfianza".

Tu mente responde a tus imágenes mentales y a tu diálogo interno

Personalmente, disfruto creando y compartiendo contenido audiovisual con afirmaciones positivas. Esta práctica me ayuda a comunicar a mi mente que deseo y creo en la abundancia, haciéndolo desde el disfrute, el placer y la convicción de que así es y será. Además, comparto este mensaje con los demás. La visualización creativa con afirmaciones como "yo soy..." es una herramienta poderosa que te guiará hacia la creación de tu vida desde la confianza y la abundancia que ya posees. Solo necesitas descubrir cómo utilizarla y ponerla en práctica.

Ejemplo: "Yo soy capaz".

La mente aprende por repetición

Con esto siempre atraes al éxito, pero este también te atrae a ti. Lo que buscas, también te busca a ti, por la ley de la vibración y atracción.

Ejemplo: "Todo me dirige hacia el éxito de mis capacidades, habilidades y talentos únicos".

La mente ama lo que le es conocido o familiar

Atrévete a familiarizarte con la confianza que te inspira a creer en ti misma y a celebrarte por ello. Cuando alimentas a tu mente con creencias coherentes y potenciadoras, eliminas las contradictorias y limitantes que puedan existir. Mantener la coherencia en tus pensamientos, sentimientos y acciones es fundamental para que experimentes la transformación de sentirte segura, fuerte y capaz de lograr todo lo que te propongas en la vida.

Ejemplo: "Me respeto, honro y amo".

Creamos nuestras creencias y nuestras creencias nos crean a nosotras

Por ejemplo, la creencia de asociar la abundancia de confianza con el placer, en lugar del dolor, es tan significativa y válida para tu mente como cualquier otra creencia. Tu mente no puede juzgar por sí misma, depende de las experiencias y creencias que tú le proporcionas. Por lo tanto, es vital que primero te convenzas a ti misma para que tu mente también adopte estas creencias que has creado a partir de tus propias experiencias y convicciones.

Ejemplo: "Creo en mí y actúo en consecuencia siempre".

Escucha a tu corazón, no lo prives de su energía

Un buen amigo me dijo una vez: "no hay problema o desafío que se resista a tus decisiones. Este es el momento perfecto para tomar decisiones y hacer que tu presente sea realmente perfecto."

Y es así. Un consejo que desde entonces he atesorado como oro en paño y he aplicado siempre que he podido. Porque la conciencia trasciende el simple acto de cambiar pensamientos, creencias y percepciones. Se trata de adoptar una perspectiva superior sobre lo que te sucede a ti y a tu entorno. Implica no tomarse las cosas tan seriamente y disfrutar del juego de la vida, comprendiendo que incluso las situaciones difíciles son oportunidades de aprendizaje y crecimiento personal. La vida nos provee de todo lo necesario para nuestra evolución como individuos y almas. Y toca decidir qué hacer con eso, qué camino escoger. O vamos por el sendero pedregoso, cuesta arriba y lleno de obstáculos, o avanzamos por el terreno llano iluminado por el sol.

En esta toma de conciencia y de decisiones, la integración de mente, corazón y alma es el valioso regalo que te ofrecen los remedios florales de Bach, beneficiando tanto tu bienestar físico como espiritual. Permítete experimentar la plenitud y la verdadera felicidad, encontrando sentido a tu vida. Cuando lo haces, cuando vives la vida desde el amor y la alegría, todas tus áreas se alinean y ajustan para formar un equilibrio perfecto entre lo personal y lo profesional.

Te invito a tomarte el tiempo necesario para establecer prioridades y valores que reflejen tu calidad de vida, auténtica y personal. Haz una lista de agradecimientos, desde lo más pequeño hasta lo más grande. Verás cómo se revela que estás más alineada con la abundancia de lo que creías.

Escapa de los pensamientos repetitivos sobre el pasado que te llevan a sentir derrota o insuficiencia, y concéntrate en experimentar plenamente el presente. Grita si lo necesitas, danza bajo la lluvia, da las buenas noches a las estrellas. ¿Por qué no? Sé feliz. Persigue tus deseos. Ama y sé amada. Enarbola la alegría por bandera y tus días bajo el sol como ejemplo de superación. Escucha a tu corazón, no lo prives de su energía. Aléjate de lo que no te sirve, que la noche es hermosa a pesar de la oscuridad y que el miedo es solo un hilo más del entramado de tu vida. Siente la alegría de estar viva. Ámate y crea a través del amor.

Hazlo, porque eres única y capaz de hacer cuanto te propongas. Desde el cariño, desde la felicidad. Profundizaremos en ello en el próximo capítulo, donde te hablo de los límites energéticos a través de los Chakras. Te espero en la siguiente página para continuar juntas este viaje que es tu vida.

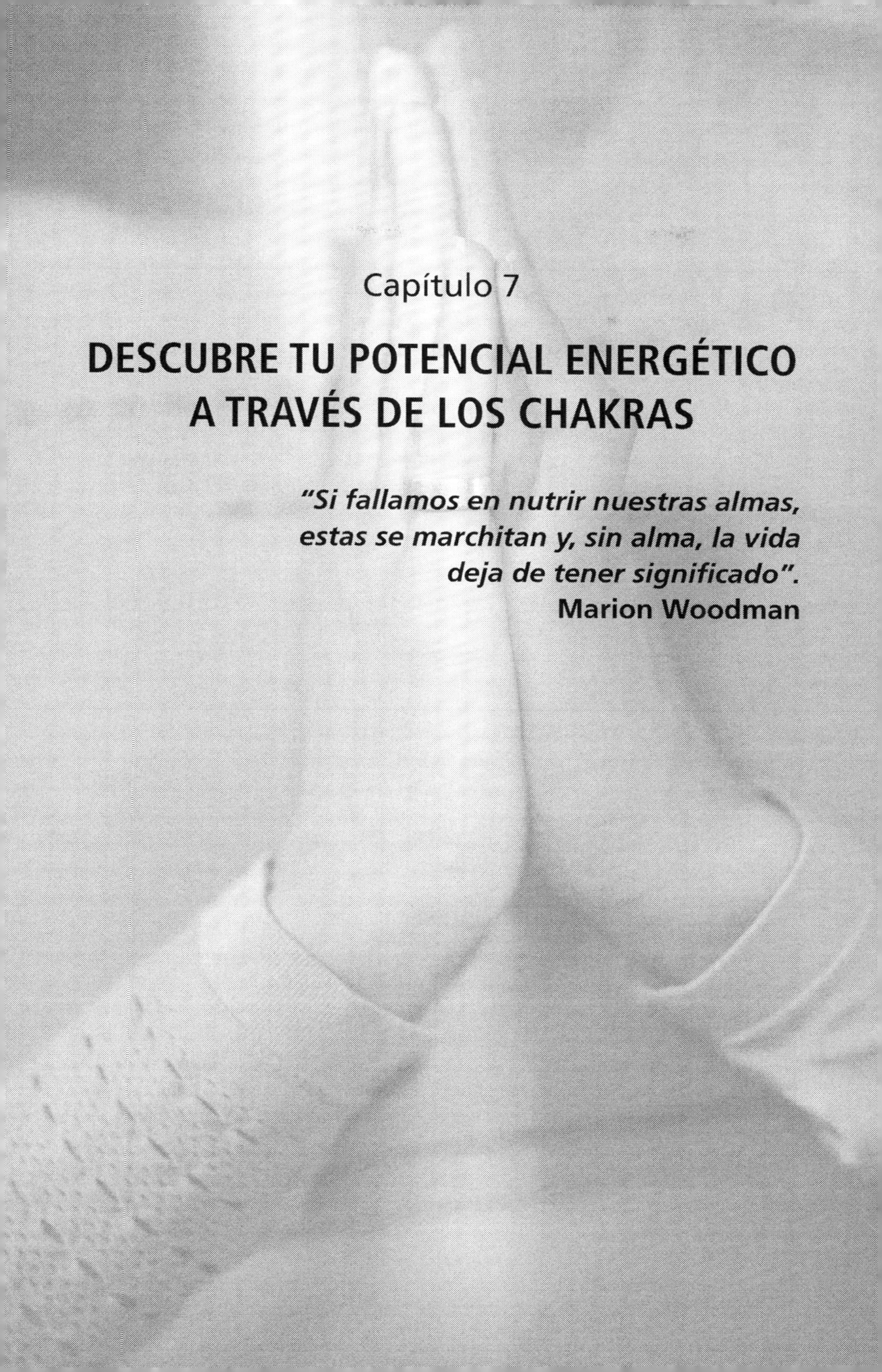

Capítulo 7

DESCUBRE TU POTENCIAL ENERGÉTICO A TRAVÉS DE LOS CHAKRAS

"Si fallamos en nutrir nuestras almas,
estas se marchitan y, sin alma, la vida
deja de tener significado".
Marion Woodman

Escucho a mi energía, la intuyo y la siento

A veces desearía ser la niña que fui. Esa pequeña que se ilusionaba con todo, que era un lienzo en blanco, sin cicatrices, cuyos sueños tenían la forma de las nubes y parecían tan alcanzables. Esa niña estiraba los dedos y tocaba la luna. Cerraba los ojos y recogía estrellas que de noche brillaban en su habitación para alejar los monstruos y el miedo. Escuchaba la canción del viento y las nanas que entonaban los grillos. Y era feliz. Muy feliz. Pero luego creció y entendió mejor lo que decían los adultos, comprendió el lenguaje de la sociedad, empeñada en machacar y triturar los sueños hasta convertirlos en polvo.

Esa niña sigue viva dentro de mí, pero he tenido que despertarla, diciéndole que puede soñar, que no tiene por qué dormir más. Y es que el lenguaje es el código que utiliza la mente para comunicarse con nosotras, transformando energía en ideas y pensamientos, los cuales se visualizan a través de imágenes internas. Esta capacidad innata nos conecta con nuestro yo superior o parte espiritual, creando una comunión profunda con nuestra esencia, con la niña todavía ilusionada y feliz.

En la filosofía y teosofía, el alma se conceptualiza como una parte inmaterial y eterna, más allá de los límites de los sentidos físicos como el olfato, gusto, oído, tacto y vista. Sin embargo, el sexto sentido, la intuición, es el puente principal que nos conecta con nuestra esencia y con la energía universal.

La intuición, aunque definiéndose podría llenar un libro entero, la menciono aquí como la herramienta principal de comunicación con el Ser. Esta conexión nos recuerda que somos parte de un Todo, donde cada individuo aporta su valor de manera única. La reflexión de que "la Unidad es más que la suma de sus partes" es una invitación a reconocer y honrar nuestro lugar exclusivo en el universo, validado incluso por la ciencia empírica.

Además de la intuición, existe otro aspecto fundamental para alcanzar la felicidad: la inteligencia. Siempre en evolución y objeto de estudio constante. La inteligencia es un concepto multifacético, generalmente entendido como la capacidad de comprender, aprender y aplicar conocimientos de manera efectiva para resolver problemas, adaptarse y alcanzar metas.

Me gustaría comentarte aquí que la inteligencia humana se manifiesta de diversas maneras, y cada persona posee una combinación única de habilidades y talentos que la definen. Estas inteligencias múltiples nos permiten entender y experimentar el mundo de formas distintas, enriqueciendo nuestra vida y nuestras relaciones.

La inteligencia lingüística es la habilidad para usar el lenguaje de manera efectiva, tanto en la comprensión como en la expresión oral y escrita. Es ese don que algunas personas tienen para encontrar siempre las palabras adecuadas, para escribir de manera que los demás se sientan comprendidos y para comunicarse con claridad y persuasión.

Por su parte, la inteligencia lógico-matemática se relaciona con la capacidad para pensar de manera lógica, analizar problemas matemáticos y resolver cuestiones abstractas. Es la habilidad que nos permite entender los patrones del universo, desentrañar los misterios de los números y resolver los enigmas más complejos con precisión y exactitud.

La inteligencia espacial nos da la capacidad para percibir y entender el mundo en términos de imágenes y espacios. Aquellas personas dotadas con esta inteligencia pueden visualizar objetos desde diferentes perspectivas y entender las relaciones espaciales, permitiéndoles crear obras de arte magníficas, diseñar edificios impresionantes y navegar por el mundo con una conciencia espacial aguda.

La inteligencia corporal-kinestésica se refiere a la habilidad para utilizar el cuerpo de manera hábil y coordinada. Es la gracia de la bailarina, la destreza de la atleta y la precisión de la cirujana. Esta inteligencia nos permite resolver problemas a través del movimiento y la acción física.

Luego está la inteligencia musical, que es la capacidad para apreciar, entender y producir música de manera efectiva. Es el talento para escuchar una melodía y comprender su estructura, para tocar un instrumento con maestría y para componer piezas que toquen el alma y enriquezcan las vidas con armonía y ritmo.

En el caso de la inteligencia interpersonal, se relaciona con la habilidad para entender y relacionarte con otras personas de manera efectiva. Incluye la empatía, la comunicación y la capacidad para trabajar en equipo. Aquellas personas que poseen esta inteligencia son las que facilitan la conexión entre las personas, comprenden las emociones ajenas y fomentan la cooperación y la armonía en cualquier grupo.

La inteligencia intrapersonal se refiere a la capacidad para comprender y manejar las emociones propias. Es la habilidad para establecer metas personales y automotivarse, para entender nuestras propias fortalezas y debilidades y para vivir de acuerdo con nuestros valores más profundos.

Finalmente, la inteligencia naturalista es la capacidad para entender y relacionarse con el mundo natural. Incluye la observación y clasificación de elementos del entorno natural, la capacidad para reconocer y apreciar la diversidad de la vida y para actuar con respeto y cuidado hacia nuestro planeta.

Cada una de estas inteligencias contribuye a nuestra comprensión del mundo y a la manera en que nos desenvolvemos en él. Juntas, forman un mosaico de habilidades y talentos que nos hacen seres humanos únicos y maravillosos, capaces de enfrentar los desafíos de la vida con creatividad, empatía y sabiduría.

La inteligencia espiritual: tu guía en el camino hacia la evolución personal

Ahora que conoces los diferentes tipos de inteligencia, quiero que, juntas, nos centremos en la inteligencia espiritual, esa conexión profunda que nos une a la esencia de la materia y la manifestación de todo lo terrenal. Esta inteligencia nos permite entender y relacionarnos con el fenómeno de la naturaleza en su totalidad, trascendiendo las barreras del conocimiento tradicional y adentrándonos en el corazón mismo de la existencia.

La inteligencia es un concepto tan vasto y complejo como el universo mismo, y diversas teorías han intentado desentrañar sus misterios. La psicología, la filosofía y la neurociencia han explorado este fenómeno durante siglos, cada una aportando su perspectiva sobre la naturaleza de la inteligencia.

Consideremos, por ejemplo, la Teoría de la Inteligencia General, propuesta por Charles Spearman, que sugiere la existencia de una habilidad cognitiva subyacente a todas las actividades mentales, conocida como "factor g" (factor general). Esta teoría plantea que aquellas personas que sobresalen en una tarea mental tienden a hacerlo también en otras, reflejando una capacidad innata de comprensión y resolución de problemas.

En contraste, la Teoría de las Inteligencias Múltiples de Howard Gardner desafía la idea de una única medida de inteligencia. Gardner postula que existen diferentes tipos de inteligencia, como la lingüística, lógico-matemática, musical, espacial, interpersonal, intrapersonal y naturalista, cada una de las cuales representa una forma distinta de entender y relacionarnos con el mundo.

Robert J. Sternberg, con su Teoría Triárquica de la Inteligencia, introduce una visión más dinámica, dividiendo la inteligencia en componentes analíticos, creativos y prácticos. Esta teoría resalta nuestra capacidad para analizar, crear e innovar, y adaptarnos al entorno de manera efectiva.

La Teoría de la Inteligencia Emocional, desarrollada por Daniel Goleman, nos lleva a una dimensión más íntima y personal, enfocándose en la capacidad de reconocer, comprender y manejar nuestras propias emociones y las de los demás. Goleman nos recuerda que el éxito personal y profesional no solo depende de nuestras habilidades cognitivas, sino también de nuestra capacidad para empatizar y gestionar las relaciones humanas.

Al reflexionar sobre todas estas teorías, me surge una pregunta profunda y provocadora: ¿dónde situamos la inteligencia intuitiva o espiritual? ¿Son la intuición y la espiritualidad lo mismo? Esa sensación de que algo es "intuitivo" es una experiencia común, pero rara vez nos detenemos a explorar su verdadero significado.

Para mí, según mi experiencia, la inteligencia intuitiva es como un "sexto sentido", una corazonada que guía nuestras decisiones sin necesidad de razonamiento lógico. Es esa voz interior que nos dice qué camino tomar, basada en nuestros instintos y experiencias previas. No se trata de un pensamiento racional, sino de una sensación visceral que nos impulsa y orienta.

La inteligencia espiritual, por otro lado, es esa fuerza misteriosa y poderosa que te conecta con lo más profundo de tu ser y con el universo que te rodea. No es simplemente una habilidad más que posees, sino una forma de vivir y experimentar la vida con un sentido más profundo y pleno. Esta inteligencia va más allá de lo tangible y lo lógico, trascendiendo los límites de la mente racional para adentrarse en el reino del alma y del espíritu.

La inteligencia espiritual te invita a mirar el mundo con ojos nuevos, a ver más allá de las apariencias y a descubrir el propósito y el significado en cada experiencia. Es esa voz interior que te susurra que todo lo que sucede tiene un propósito, que incluso los momentos de dolor y dificultad son oportunidades disfrazadas, lecciones que tu alma necesita aprender para crecer y evolucionar.

Es la capacidad de encontrar paz y serenidad en medio del caos, de confiar en que hay un orden superior que guía nuestras vidas, aunque a veces no podamos verlo claramente. La inteligencia espiritual te permite conectar con tu esencia más pura, esa chispa divina que todos llevamos dentro y que nos recuerda que somos mucho más que nuestros logros y fracasos lanzados a una carrera loca para competir por cenizas.

Cuando cultivas tu inteligencia espiritual, aprendes a vivir con mayor gratitud y humildad. Te vuelves más consciente de la belleza y el milagro de la vida en todas sus formas. Empiezas a ver a los demás no como extraños, sino como hermanos y hermanas en este viaje compartido, todos buscando amor, comprensión y un sentido de pertenencia.

La inteligencia espiritual también te ayuda a integrar todos los aspectos de tu vida, encontrando armonía entre tus necesidades físicas, emocionales, mentales y espirituales. Te enseña a escuchar nuestro corazón, a confiar en la intuición y a seguir los susurros de tu alma, sabiendo que siempre te llevan hacia un mayor bien.

Es un viaje hacia el descubrimiento de tu verdadera esencia. El camino que te lleva a conectar con lo sagrado y a encontrar el propósito y el significado en todo lo que haces. Es la luz que te guía en la oscuridad, el faro para orientarte en los momentos de incertidumbre y el fuego que enciende la pasión por vivir de manera plena y auténtica.

La intuición es la brújula para navegar por el mar de tu vida

Hay una chispa en medio de la oscuridad. Un instante de luz. Un brillo que ilumina por unos instantes las paredes rugosas de tu corazón, que te permite ver más allá. Es un momento, un parpadeo, corto, fugaz, pero suficiente para hacerte comprender en qué dirección debes avanzar. Eso es la intuición.

Pero, para ser del todo rigurosa, tengo que decir que la intuición es un fenómeno fascinante que ha intrigado a filósofos, psicólogos y científicos durante siglos. De forma sencilla, se refiere a esa sensación de comprensión o conocimiento instantáneo, sin necesidad de un razonamiento consciente o análisis detallado.

La intuición se manifiesta de diversas maneras en nuestras vidas. A veces tenemos "corazonadas" sobre eventos futuros, como un presentimiento sobre el resultado de una situación o la dirección que deberíamos tomar. Otras veces, simplemente "sabemos" cuál es la mejor opción en nuestras decisiones cotidianas, sin poder explicar exactamente por qué. Seguro que esto te ha pasado infinidad de veces, ¿verdad?

Esta capacidad intuitiva se basa en una combinación de factores: la experiencia previa, el conocimiento acumulado, las emociones subyacentes y la percepción inconsciente de patrones.

Nuestro cerebro procesa continuamente grandes cantidades de información, incluso cuando no somos conscientes de ello, y la intuición surge de estas señales sutiles que nuestro cerebro recoge y procesa rápidamente.

Ojo, banderita roja aquí. Es importante recordar que la intuición no siempre es infalible y puede llevarte por mal camino. Las emociones o prejuicios pueden influir en tus intuiciones, resultando en decisiones erróneas. Por eso, es muy importante equilibrar la intuición con el pensamiento crítico y la evaluación racional de la información disponible.

Así, si tus pensamientos, creencias y emociones están bien equilibrados, la intuición se manifestará de manera más natural en tu vida. Esto se basa en mi propia experiencia y formación: cuando estoy en paz conmigo misma, todo me resulta más fácil y fluido, y la inspiración creativa surge abundantemente a través de mis ideas, percepciones y resolución de problemas.

Lo mismo sucede para ti. Por eso debes aprender a escuchar la voz de tu intuición, esa voz que te permite tomar decisiones rápidas y navegar por el mundo de manera más fluida. Aunque a menudo es difícil de explicar o racionalizar, te aseguro que puede ser una guía valiosa.

Tu cerebro, una máquina increíblemente compleja

Una de las teorías más fascinantes sobre la intuición es que nace del procesamiento subconsciente de información. ¿Qué quiere decir esto? Que nuestro cerebro, una máquina increíblemente compleja, maneja enormes cantidades de información en segundo plano, incluso cuando no somos conscientes de ello.

Pero no solo eso, ya que la intuición también está estrechamente relacionada con la experiencia y el conocimiento previo. Cuantas más experiencias tengas en ciertas áreas, más desarrollada estará tu intuición en esos campos específicos. Es como si el cerebro acumulara información y patrones a lo largo del tiempo, permitiéndote tomar decisiones más acertadas de manera intuitiva.

Como ves, la intuición es una capacidad humana sorprendente que nos permite percibir y comprender el mundo de manera instantánea y sin esfuerzo consciente. Es un recordatorio de la complejidad y maravilla de la mente humana, y una herramienta invaluable para navegar por la vida con confianza y claridad.

El ser humano tiene la capacidad de diseñar e inventar una inteligencia artificial que supere al cerebro humano, transformando radicalmente nuestra vida y el mundo, tanto en el trabajo como en el ocio. Sin embargo, me pregunto: ¿será capaz de crear una inteligencia intuitiva, creativa y espiritual, comparable a la del alma humana? De ser así, ¿qué lugar ocuparíamos los seres humanos en este desarrollo?

Estas preguntas resuenan especialmente en el mundo del emprendimiento y los negocios *online*. Tal vez estemos a punto de adoptar una nueva forma de entender la vida a través de la creatividad ilimitada que poseemos, reconociéndonos como las creadoras de nuestra propia existencia sin olvidar la parte espiritual como pieza esencial de nuestro proceso evolutivo como seres humanos, pero esto es solo mi propia visión particular y optimista de la vida y de la humanidad y cada persona es libre de tener su propia visión de las cosas.

El Mapa Energético de la Vida: ¿Qué son y cómo funcionan los Chakras del ser humano y del planeta Tierra?

Ya has visto que la intuición es ese fogonazo de luz que aporta claridad de forma casi instintiva, una brújula para saber hacia qué dirección dar el siguiente paso. Pues bien, ha llegado el momento de introducir el concepto de los Chakras. Quizás te preguntes por qué son relevantes para alcanzar una confianza inquebrantable. Permíteme explicarte: cuando descubrí y accedí al conocimiento práctico del Sistema Energético de Chakras, proveniente de la milenaria sabiduría oriental, mi perspectiva de la psicología cambió drásticamente. Pasé a un enfoque más energético, holístico e integrador.

Las técnicas de meditación y la comprensión del alma en la vida cotidiana comenzaron a despertar en mí un creciente interés, convirtiéndose en el núcleo de mi práctica personal y profesional diaria. Aquí, el sistema de Chakras juega un papel fundamental.

Los resultados no tardaron en manifestarse. Con el progreso gradual de mi propia consciencia, comprendí mejor el poder inherente a cada ser humano para transformar y crear una vida plena, digna y acorde con sus capacidades, habilidades y virtudes.

Si alguna vez te has preguntado por qué te sientes llena de energía en ciertos lugares y completamente agotada en otros, ¡aquí está la respuesta! Vamos a adentrarnos juntas en el poder de los Chakras, estos centros de energía que existen tanto en nuestro ser como en el planeta Tierra.

¿Qué son los Chakras?

Los Chakras son centros de energía situados en diferentes puntos del cuerpo humano. Se originan en la tradición espiritual de la India y están profundamente integrados en prácticas como el yoga, la meditación y la medicina ayurvédica. La palabra "chakra" proviene del sánscrito y significa "rueda" o "disco", describiendo cómo se perciben estos centros energéticos: como ruedas giratorias de energía.

Existen siete Chakras principales, que están alineados a lo largo de la columna vertebral, desde la base hasta la coronilla de la cabeza. Cada uno de estos Chakras está asociado con aspectos específicos de nuestra vida física, emocional y espiritual, y se cree que el equilibrio y la salud de estos centros energéticos son fundamentales para nuestro bienestar general.

¿Cómo funcionan estos Chakras?

Cada Chakra tiene una función específica y está vinculado a distintos aspectos de nuestra vida y bienestar. Por ejemplo, el Chakra raíz, ubicado en la base de la columna vertebral, se relaciona con nuestra sensación de seguridad y estabilidad. Por otro lado, el Chakra del corazón, en el centro del pecho, está asociado con el amor y las relaciones.

Cuando estos Chakras están equilibrados y giran libremente, sientes cómo te inundan la armonía y la energía positiva. Pero si se bloquean o desequilibran, es como si el flujo de energía se viera obstruido, lo que puede causar problemas físicos, emocionales o mentales.

¿Sabías que la Tierra también tiene Chakras? Al igual que nosotras, nuestro planeta tiene puntos de energía especiales que afectan su vitalidad y salud. Lugares como el Monte Shasta en California, el Monte Fuji en Japón, Uluru en Australia y Glastonbury en Inglaterra son considerados Chakras de la Tierra. Estos lugares no solo son impresionantes paisajes naturales, sino que también emanan una energía única que atrae a personas en busca de sanación y conexión espiritual.

Explorar y conectar con estos centros de energía, tanto en nosotras mismas como en el planeta, puede ofrecernos un mayor equilibrio y bienestar, ayudándonos a alinearnos con nuestra esencia y a sentirnos más conectadas con el mundo que nos rodea. Y, sobre todo, más felices, actuando desde el amor y la confianza, desde los lugares positivos de la creatividad y sus ramificaciones.

¿Por qué es importante entender los Chakras?

A veces no tienes fuerzas para caminar, te sientes sin energía. Triste cien veces al día y el resto no mucho mejor. Momentos en que la gravedad del planeta te aplasta. Esos instantes de desequilibrio son el resultado de unos Chakras bloqueados, que no pueden girar y canalizar la energía como es debido.

La próxima vez que te sientas desbalanceada o anheles una conexión más profunda con el mundo, tómate un momento para reflexionar sobre tus Chakras y los de la Tierra. ¿Alguna vez has sentido la necesidad de un reinicio energético, o te has preguntado por qué te sientes tan unida a la naturaleza, de una manera que trasciende lo físico?

Verás, tu cuerpo es un mapa energético, un enclave de estaciones de poder que guían tu vida y cuando aprendemos a equilibrar nuestros centros de poder y a respetar el medioambiente, nos convertimos en estaciones más conectadas con la energía universal y, por ende, con el planeta Tierra… Estos siete puntos, conocidos como Chakras, actúan como puertas entre tu ser físico, emocional y espiritual. Son los latidos silenciosos de tu energía vital, resonando con la melodía del universo.

Acompáñame en este viaje íntimo a través de tus centros de energía. Empezando desde la base de tu columna, ascendiendo hasta la coronilla de tu cabeza, descubramos juntas cómo cada uno de estos Chakras influye en tu vida. Busca un mayor equilibrio y bienestar, siéntete en armonía contigo misma y con la realidad que te rodea.

Con cada paso, desde la seguridad de tu raíz hasta la sabiduría de tu corona, aprende a sintonizar con la energía que fluye dentro de ti y a sanar cualquier desbalance que puedas sentir. Este es un viaje de autoconocimiento y amor propio, un camino hacia la plenitud y la verdadera conexión con todo lo que eres y todo lo que te rodea.

Comencemos con el Chakra Raíz (Muladhara), el resplandeciente color rojo en la base de tu columna vertebral. Este es tu anclaje, tu conexión firme con la tierra. Aquí reside tu seguridad, tus cimientos, tus necesidades básicas. Es el sentimiento de estar enraizada, segura, y en equilibrio con el mundo físico.

Subimos un poco más, hasta el Chakra Sacro (Svadhisthana), brillante en un tono naranja, justo debajo de tu ombligo. Este es el epicentro de tu creatividad y tu energía sexual. Aquí fluyen tus emociones más profundas y pasionales, como un río de inspiración y vitalidad.

Avanzamos hacia el centro de tu abdomen, al encuentro del Chakra del Plexo Solar (Manipura), irradiando un amarillo brillante. Este es tu sol interno, la fuente de tu poder personal, tu autoestima, y tu sentido de identidad. Es aquí donde encuentras la fuerza y la confianza para ser quien realmente eres.

Continuamos nuestro ascenso hasta el Chakra del Corazón (Anahata), un verde radiante que reside en el centro de tu pecho. Este es el hogar del amor, la compasión, y la conexión emocional. Aquí sientes la bondad, la empatía, y el amor incondicional, tanto hacia ti misma como hacia los demás.

Subiendo por tu garganta, llegamos al Chakra de la Garganta (Vishuddha), resplandeciente en azul. Este es el portal de tu voz auténtica, tu capacidad para expresarte y comunicarte con claridad y verdad. Es aquí donde las palabras fluyen y tu verdad interior se manifiesta en el mundo.

Entre tus cejas, en el centro de tu frente, encontramos el Chakra del Tercer Ojo (Ajna), iluminado en un profundo índigo. Este es tu ojo interno, donde nace tu intuición, percepción y sabiduría. Aquí ves más allá de lo evidente, guiada por tu intuición y tus percepciones internas.

Sistema Energético de Chakras y su Correspondencia Floral Bach

Finalmente, llegamos a la cima, al Chakra de la Corona (Sahasrara), un violeta etéreo en la parte superior de tu cabeza. Este Chakra es tu conexión con lo divino, la espiritualidad y la conciencia cósmica. Es aquí donde sientes la conexión con algo más grande que tú misma, donde te unes al universo en una danza de energía y luz.

Dos sistemas, un horizonte

La próxima vez que te sientas desconectada o necesites un impulso de energía, recuerda la sabiduría de los Chakras. Conéctate con tu flujo interno y sintoniza con la energía de la Tierra. Estamos juntas en este proceso, compartiendo la misma energía cósmica y la vitalidad de nuestra madre Tierra.

Y si las sombras nublan el cielo y ves que el sol se oculta tras nubarrones de tormenta que amenazan con soltar un diluvio de tristeza, recuerda las esencias florales de Bach. Como ya hemos visto, cada flor tiene propiedades únicas que resuenan con aspectos emocionales específicos, ayudándote a restaurar el equilibrio interno.

Las Flores de Bach y los Chakras, aunque provienen de tradiciones diferentes, se complementan maravillosamente. Ambos sistemas reconocen la conexión profunda entre cuerpo, mente y espíritu. Un Chakra desequilibrado puede manifestarse en problemas emocionales o físicos, y las esencias florales pueden ayudar a restaurar ese equilibrio.

Si sientes que tu Chakra del corazón está bloqueado, podrías beneficiarte de esencias florales que promuevan el perdón y la apertura emocional, como la autocompasión y la autoconfianza. Estas esencias te ayudarán a abrir tu corazón y a restablecer la armonía en tus relaciones. Al trabajar con tu energía interna y las esencias naturales, te estás conectando con una sabiduría ancestral que ha guiado a muchas almas en su camino hacia la plenitud. Te invito a explorar este hermoso viaje de sanación y a encontrar el equilibrio que te permitirá florecer en todas las áreas de tu vida.

Relaciones pasadas, presentes y futuras

El autoconocimiento y el bienestar integral de una misma es un proceso, a menudo, largo. Me encantaría decirte que todo puede cambiar en un segundo, pero no es lo habitual. Lo lógico, orgánico y sano es que evoluciones como lo hace la crisálida al convertirse en mariposa. Que te comprendas a ti misma, que desees esas alas para volar al lugar con el que sueñas. Que poco a poco te transformes, dejando atrás los lastres y mostrando tu verdadero y maravilloso ser.

Como has podido notar, la confianza y la autoestima son como delicadas plantas que florecen a partir de un trabajo interno profundo. Esto implica aprender a relacionarnos mejor con nosotras mismas antes de poder hacerlo con los demás.

Si observamos nuestras relaciones a lo largo del tiempo, notaremos que siguen ciertos patrones energéticos que influyen en cómo nos conectamos con el resto de las personas. Nuestras relaciones pasadas dejan huellas en las presentes, y estas, a su vez, moldean nuestras futuras conexiones. Al enfocarnos en mejorar nuestras relaciones actuales, podemos transformar estos patrones y construir una energía positiva de autoconfianza y autoestima.

A continuación, te presento una guía para integrar estos conceptos y ayudarte a florecer en todas tus relaciones a través de las esencias florales de Bach y los Chakras:

Chakra Raíz (Muladhara): Este chakra, relacionado con la supervivencia, la seguridad y la conexión a la tierra, puede ser fortalecido con las esencias de Clematis (Clemátide) o Beech (Haya). Clematis te ayudará a mantener los pies en la tierra y a enfocarte en el presente, mientras que Beech te permitirá superar la intolerancia y la irritabilidad, apreciando la belleza que te rodea. Refuérzate con la flor de Impatiens (Impaciencias), que te ayudará a equilibrar estas impaciencias.

Chakra Sacro (Svadhisthana): Asociado con la creatividad, la sexualidad y las emociones, este chakra puede beneficiarse de las flores Aspen (Álamo Temblón) y Mimulus(Mímulo). Estas esencias te asistirán en abordar los miedos específicos relacionados con la expresión creativa y la intimidad, permitiéndote liberar tus emociones con confianza.

Chakra del Plexo Solar (Manipura): En el centro de tu abdomen, este chakra es el hogar de tu poder personal, autoestima y voluntad. La flor de Larch (Alerce) es ideal para aumentar tu confianza y superar cualquier sentimiento de insuficiencia, ayudándote a brillar con todo tu potencial.

Chakra del Corazón (Anahata): El núcleo del amor incondicional, la compasión y las relaciones. Wild Rose (Rosa Silvestre) puede abrir tu corazón resignado y con apatía, fomentando la compasión y el perdón tanto hacia ti misma como hacia los demás, permitiendo que el amor fluya libremente. La flor de Holly (Acebo) y de Willow (Sauce) son una excelente elección para sentimientos de resentimientos y para restablecer la fe en la vida.

Chakra de la Garganta (Vishuddha): Responsable de la comunicación, la expresión y la verdad, este chakra puede ser equilibrado con Gentian (Genciana), que te ayudará a superar la timidez y a expresar tus sentimientos de manera auténtica, junto con Water Violet (Violeta de agua).

Chakra del Tercer Ojo (Ajna): Situado entre tus cejas, este chakra se asocia con la intuición, la percepción y la claridad mental. Agrimony (Agrimonia) es una excelente opción para armonizar tus emociones internas, fomentando la paz interior y la claridad mental.

Chakra de la Corona (Sahasrara): En la cima de tu cabeza, este chakra está relacionado con la espiritualidad y la conexión con lo divino. El Cerato puede fortalecer tu intuición y tu conexión con la sabiduría interior, ayudándote a sentirte más alineada con el universo y tu propósito espiritual.

Es importante que tengas en cuenta que estas correspondencias son interpretaciones personales y que lo mejor es que te tomes un tiempo para encontrar las esencias florales que mejor se adapten a tus necesidades individuales.

CHAKRA
CORONA
YO SOY
CHAKRA
TERCER OJO
YO COMPRENDO
CHAKRA
GARGANTA
YO HABLO
CHAKRA
CORAZÓN
YO AMO
CHAKRA
PLEXO SOLAR
YO PUEDO
CHAKRA
SACRO
YO DESEO
CHAKRA
RAÍZ
YO TENGO

A continuación quiero compartirte un ejercicio para que puedas encontrar tus propias esencias según cada Chackra:

https://esc.anea.me/chakrasyflores

Aunque este ejercicio puede serte útil, siempre es recomendable asesorarte antes con un profesional de la terapia floral.

Cuida el jardín de tu corazón antes de compartirlo

Las relaciones de pareja no son una excepción en este proceso interno de autoconocimiento. ¿Alguna vez te has preguntado por qué atraes a las mismas personas en tus relaciones? Si eres consciente de cómo te tratas a ti misma, si mantienes un diálogo interno positivo, y si trabajas con tu sistema energético de Chakras y las Flores de Bach, tus relaciones de pareja reflejarán una mayor independencia y autonomía.

La pareja puede ser una profunda oportunidad de transformación personal y profesional, como he experimentado en mi propia vida, a través de una relación de aprendizaje compartido.

Este proceso requiere que seas firme en tus decisiones y voluntad, ya que el camino hacia una autoestima sólida y una autoconfianza inquebrantable depende de reconocer tus capacidades y habilidades, tanto si estás en una relación como si no. Las relaciones con los demás actúan como un espejo de nuestras áreas inconscientes, ayudándonos a descubrir nuestras debilidades y áreas de dependencia, y guiándonos hacia una vida más plena y feliz.

Aunque no puedes controlar lo que piensan, sienten o hacen los demás, sí puedes decidir cómo vives la experiencia de relacionarte. El cambio comienza en una misma, y el aprendizaje es la herramienta principal para ello. Reconocer el límite entre tu energía y la de los demás es esencial para mantener esa libertad que necesita tu ser, así como tu salud mental, emocional y física.

Y es que para estar total, completa, absolutamente enamorada, hay que tener plena conciencia de que una también es querida, que una también inspira amor. Y ese cariño, esa fuerza magnética que te hace suspirar, debe comenzar en ti para salir hacia los demás. Porque encontrar a tu media naranja, o al amor de tu vida, suena muy bien y en verdad es algo bonito. Pero el amor verdadero es el que florece dentro de ti, cuidado con mimo y respeto, con paciencia y tesón, para luego poder compartirlo con quien más quieras.

En una relación, el amor no debería implicar la fusión completa donde perdemos nuestra esencia. En cambio, debería ser una danza armoniosa donde cada una se siente libre y plena dentro de su propia energía. Establecer límites saludables te permite amar sin perderte en un mar de aguas desconocidas que no reflejan la imagen que quieres ver. Es como mantener una hermosa melodía en la que ambos instrumentos suenan en perfecta sincronía, pero sin dejar de ser distintos.

En mi propia experiencia, he descubierto que establecer límites claros ha sido un acto liberador. Me ha permitido estar presente en mi relación con todo mi ser, sin miedo a perderme en el proceso. He aprendido que el verdadero amor no busca absorber ni controlar, sino que respeta y celebra los éxitos del otro. Es en este espacio de respeto mutuo donde florece la confianza, la intimidad y la conexión genuina.

Porque el mundo no es más que la sombra que proyecta tu corazón, y tú decides qué color darle. Aprovecha tus dones, tus habilidades y capacidades. Porque eres tenaz como el acero, pero también flexible como un junco. Porque crees en ti misma y conoces tu inteligencia. Ahora también sabes cómo las esencias florales pueden ayudarte a cuidar tus Chakras para lograr esa vida que siempre has deseado y que empieza por quererte. Por sonreír cada mañana a esa mujer del espejo que te devuelve la mirada y que está convencida de que eres maravillosa. Siempre te va a querer. Siempre te va a cuidar. Es el momento de hacer que se sienta orgullosa de ti.

Repite lo siguiente:

- TENGO LOS CONOCIMIENTOS NECESARIOS PARA TOMAR DECISIONES INTELIGENTES POR MÍ MISMO/A.
- TENGO TODO LO QUE NECESITO PARA HACER DE HOY UN GRAN DÍA.
- SOY, Y SIEMPRE SERÉ, SUFICIENTE.
- RECONOZCO MI PROPIO VALOR: MI CONFIANZA AUMENTA.

El propósito más grande de la vida es ser feliz y sonreír. De ello te hablaré en el próximo capítulo. Te espero.

Capítulo 8

VIVIR DESDE EL CORAZÓN CON PROPÓSITO

"A menudo las personas dicen que todavía no se han encontrado a sí mismas. Sin embargo, eso no es algo que uno encuentra, sino algo que uno crea".

Thomas Szasz

El primer paso para subir hasta arriba de todo

No eres capaz, te lo repites una y otra vez cada mañana, cada noche antes de cerrar los ojos. Tampoco eres suficiente, no tienes talento y jamás podrás lograrlo. Deja de intentarlo. Esto me repetía a mí misma todos los días en uno de mis peores momentos. Antes de conocer el sistema de esencias florales de Bach, antes de romper las cadenas que me atenazaban y aprender a confiar en mí misma. Porque ahora sé que me equivocaba, que era capaz, que mis habilidades eran más que suficientes y que las podía entrenar, que mi talento innato me hacía única y especial. Ahora las mañanas ilusionan y las noches son tranquilas, apacibles y reparadoras.

No te hundas en lo más profundo antes de haber intentado salir a la superficie. Nadie sabe de lo que es capaz hasta que lo intenta. Quizá ahora creas que no puedes, que no estás preparada, que te falta el valor o esa cualidad que hace que otras personas sí logren alcanzar sus sueños. Pero déjame decirte que te equivocas.

Puedes hacerlo. Claro que sí. Y no lo digo para motivarte sin más. Lo digo porque estoy convencida, porque a mí me pasó lo mismo, estuve en esa misma situación y nadé y nadé hasta salir a la superficie. Logré coger oxígeno y cambiar mi vida. Y lo hice porque soy especial, claro que sí. Pero no más especial que tú, ni mejor. Porque tú también eres única y no puedes dejar que nadie, ni siquiera tú misma, te diga lo contrario. Ese es el primer paso para subir hasta arriba del todo.

Sobre la capacidad, la habilidad, el talento y los dones

Todas las personas tenemos la capacidad de salir adelante, de aprender y mejorar nuestras habilidades y de aprovechar nuestros talentos. Eso es lo que nos mueve hacia el horizonte, a caminar sobre los adoquines dorados que siguen la pista de nuestros deseos, anhelos y sueños.

Por eso, llegadas a este punto, me parece muy importante diferenciar conceptos como capacidad, habilidad, talento y dones. Esto puede ayudarte a entender mejor tus fortalezas y cómo aplicarlas a tu vida diaria. Vamos a desglosar estos términos para aclarar su significado mejor, ¿te parece?

- **Capacidad**: Es el potencial que tenemos para aprender o realizar algo.

- **Habilidad**: Es la capacidad desarrollada a través de la práctica y el aprendizaje.

- **Talento**: Es una habilidad innata que nos permite sobresalir en ciertas áreas con facilidad.

- **Don**: Es una habilidad extraordinaria, a menudo vista como un regalo especial.

Ahora, hablemos de la relación entre la autoconfianza y la autoestima. Estas van de la mano y son directamente proporcionales. Cuando tu autoestima es alta, tu nivel de confianza en ti misma también lo es, y viceversa. Sin embargo, medir estas cualidades no siempre es constante, lo que puede dificultar saber cuándo estamos disfrutando plenamente de ellas.

Aquí es donde entra en juego el concepto de resiliencia, la capacidad del ser humano para adaptarse a las dificultades de la vida. La adaptación, la aceptación y la resignación son respuestas naturales, pero creo que estas cualidades muchas veces nacen del desconocimiento sobre nosotras mismas.

La experiencia me ha enseñado que conocer nuestros recursos internos, como talentos, capacidades y habilidades, fortalece nuestra autoestima y autoconfianza. Si hubiera sido consciente de mis propios recursos internos, mi autoestima y autoconfianza habrían sido mucho mayores, y habría estado emocionalmente mejor preparada para enfrentar los momentos difíciles que viví.

Y es que atraes las circunstancias que vibran en tu propia energía. Es lo que sientes, más que lo que piensas que sientes, lo que determina tu vibración y, por ende, lo que atraes a tu vida. Por ejemplo, si crees que no eres valiosa o que no mereces lo mejor, atraerás situaciones que confirmen esas creencias, perpetuando un ciclo negativo. Para escapar de esta rueda de hámster de acciones automáticas e inconscientes, primero debes reconocer que todas hemos estado en este estado en algún momento, en mayor o menor intensidad.

En mi caso, pasé por circunstancias difíciles, como grandes pérdidas materiales y emocionales, y una enfermedad grave, que me enseñaron las verdaderas prioridades de la vida. Aprendí a valorar mi amor propio y autocuidado y a priorizar mi felicidad y realización personal en alineación con mis valores y guía interior espiritual.

Durante mucho tiempo, creí que cuidando a los demás sería aceptada y reconocida en mi propio valor. Esta creencia, arraigada desde la infancia, no me otorgó ninguna satisfacción o alivio duradero, sino que me llevó a una comprensión más profunda de la inutilidad del sufrimiento y la culpa.

Lo importante es que llegues a esta comprensión lo antes posible. Reflexiona si verdaderamente vale la pena perpetuar esas creencias y acciones, o si has conseguido algún beneficio real de ellas para tu evolución personal. El objetivo es liberarte de patrones negativos y enfocarte en tu bienestar y crecimiento auténtico.

Natural, innato y aprendido

Aunque los conceptos de capacidad, habilidad o talento tienen significados distintos, están interconectados. Por ejemplo, una persona con un don para la música puede desarrollar habilidades técnicas a través de la práctica y la formación, lo que al final puede convertirse en un talento reconocido en el ámbito musical.

Reconocer y cultivar tanto tus capacidades naturales como las habilidades adquiridas te ayudará a descubrir y potenciar tus talentos, permitiéndote alcanzar el máximo potencial en los diferentes aspectos de la vida.

Ahora bien, los dones son habilidades innatas que una persona exhibe de forma sobresaliente desde una edad temprana, sin necesidad de un entrenamiento extenso. Estos pueden manifestarse en diversas áreas, como el arte, la música, el deporte, la comunicación, entre otros. Cultivar estos dones y ponerlos en práctica puede ser una fuente de pasión y realización personal.

Así, mientras que la capacidad y los dones se relacionan con las aptitudes inherentes, las habilidades y los talentos se centran en las competencias adquiridas y desarrolladas. Todos estos elementos interactúan de manera compleja en la formación de la identidad y el desempeño individual, contribuyendo a la diversidad y riqueza de cada ser humano.

Para simplificar, podemos agrupar estos conceptos en dos categorías significativas: aptitudes y actitudes.

Las aptitudes son las habilidades y capacidades innatas o desarrolladas que te permiten realizar tareas y actividades con eficacia. Incluyen tanto los dones como las habilidades que adquirimos a través de la práctica.

En cambio, las actitudes son las disposiciones mentales y emocionales con las que enfrentas las diversas situaciones de la vida. Tu actitud hacia los desafíos y el aprendizaje influye en tu capacidad para desarrollar habilidades y talentos.

Entender estas diferencias y cómo se relacionan entre sí es lo que te permite aprovechar al máximo tu potencial y trabajar de manera más eficaz en moldear el barro para convertirlo en preciosa arcilla. Eres capaz de eso y de mucho más, solo tienes que conocerte profundamente y proponerte aquellos objetivos que te mueva de verdad, con pasión, hacia delante.

Ikigai, el propósito de tu vida

Seguro que has oído decir mil veces eso de "Lo que cuenta es la actitud...", y es verdad. Una actitud positiva y abierta es clave para aprender cualquier destreza, conocimiento, técnica y habilidad que nos permita desarrollar una cualidad o virtud específica, destacándonos entre los demás.

En Japón hay una filosofía de vida que encapsula esta idea: el "Ikigai" o razón para vivir. Un concepto popularizado por el libro *Ikigai: Los secretos de Japón para una vida larga y feliz* de Héctor García y Francesc Miralles. Este libro explora cómo encontrar y cultivar nuestro ikigai, que puede traducirse como "razón de ser" o "motivo para levantarse por la mañana". Te recomiendo mucho su lectura.

El ikigai consiste en encontrar la intersección entre lo que amas, lo que se te da bien, lo que el mundo necesita y por lo que puedes ser recompensado. Esta combinación te puede llevar a una vida plena, larga y satisfactoria, ayudándote a encontrar y realizar tu propósito tanto en tu vida cotidiana como profesional.

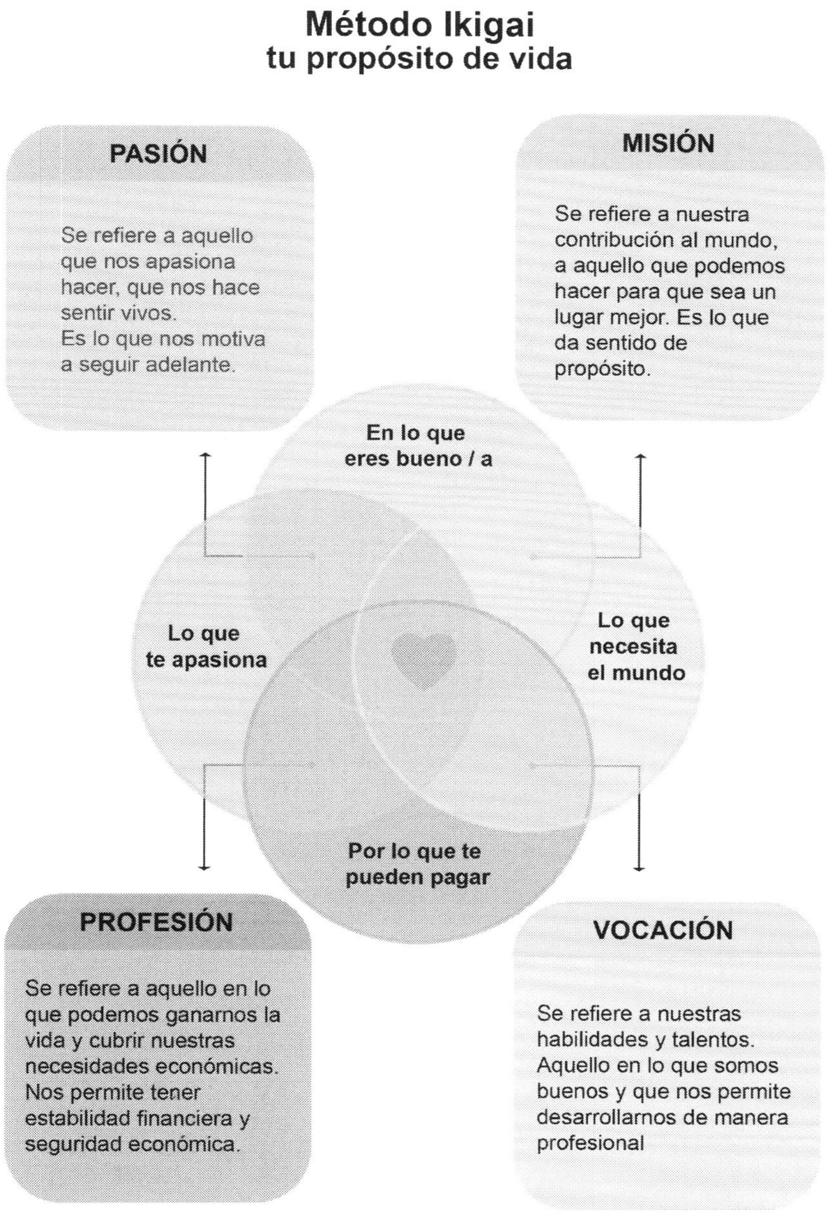
Método Ikigai
tu propósito de vida
PASIÓN
Se refiere a aquello que nos apasiona hacer, que nos hace sentir vivos. Es lo que nos motiva a seguir adelante.
MISIÓN
Se refiere a nuestra contribución al mundo, a aquello que podemos hacer para que sea un lugar mejor. Es lo que da sentido de propósito.
En lo que eres bueno / a
Lo que te apasiona
Lo que necesita el mundo
Por lo que te pueden pagar
PROFESIÓN
Se refiere a aquello en lo que podemos ganarnos la vida y cubrir nuestras necesidades económicas. Nos permite tener estabilidad financiera y seguridad económica.
VOCACIÓN
Se refiere a nuestras habilidades y talentos. Aquello en lo que somos buenos y que nos permite desarrollarnos de manera profesional

Descubrir tu ikigai puede transformar tu vida, dándote un sentido claro de dirección y propósito. Con una actitud positiva y un compromiso firme con el desarrollo de tus aptitudes, puedes encontrar y vivir tu ikigai, y así alcanzar una autoconfianza inquebrantable y una vida llena de significado y satisfacción.

Ahora que ya conoces cómo funciona el ikigai, he preparado una plantilla para que puedas averiguar cuál es tu propio propósito de vida. Puedes acceder a él a través del siguiente enlace:

https://esc.anea.me/ikigaidescarga

Esquema Ikigai Floral de Bach, comparte tu filosofía de vida expansiva

Te invito a que crees tu propio esquema de Ikigai Floral de Bach para profundizar en los siguientes capítulos y conectarlo con tu energía de autoconfianza y autovaloración. Así, podrás reconocer y construir el propósito o misión de vida que te llenará de energía inagotable para descubrir y potenciar tu don oculto: el poder de la autoconfianza.

Empieza por lo más sencillo y presente, y ve complementando tu esquema conforme vengan pensamientos durante unos minutos de meditación, usando la respiración para conectar contigo misma. Deja de lado preocupaciones y expectativas para centrarte en la intención de autovaloración personal en cada aspecto del esquema.

Deja que los remedios florales te acompañen en este proceso, ayudándote a reconocerte y amarte en una conciencia plena y enfocada. Estos remedios te permitirán ocuparte de tu vibración esencial y única, simplificando la vida hasta el punto de fluir con ella, acercándote cada vez más a tu propósito o razón de vivir.

Vive desde la pasión y disfruta de tus dones, habilidades, capacidades y talentos. El camino comienza con tu propia felicidad. Ama lo que haces y haz lo que amas.

Tarde o temprano, ocurre la magia de crear tu propio mundo en armonía contigo y con la vida. Tus relaciones positivas te complementan, llevándote a una vida personal y profesional plena. Tú eres el agente de cambio cuando desarrollas y compartes tu filosofía de vida expansiva.

Tu autoconfianza y autoestima son el combustible que alimenta tu motor interior, haciéndote constante, persistente e imparable.

Con esta energía y motivación, te mantienes fiel a la esencia de lo que realmente eres en tu vida cotidiana, familiar y profesional.

Expresa tu mundo interior con creatividad

Las personas somos seres creativos por naturaleza, y la creatividad forma parte esencial de nuestra esencia humana. Reconocer que podemos crear nuestra propia energía a través de nuestros pensamientos, sentimientos y acciones es fundamental para lograr todo cuanto nos propongamos.

Cuando estos tres elementos, es decir, los pensamientos, sentimientos y acciones están en equilibrio, en coherencia y armonía, es cuando ocurre la magia, y tu vida exterior se alinea con la energía, influyendo positivamente en todos los aspectos, incluido el económico y material. Así, a nuestras acciones le otorgamos su carácter espiritual con tu nivel de consciencia.

Conocerte a ti misma y tener claridad sobre tus propósitos de vida es como sostener una brújula en medio de un vasto océano de energía y vibraciones. Todo en el universo se mueve con ritmos sutiles y poderosos, oscilando entre la abundancia y la carencia, dibujando una sinfonía de matices infinitos. En este baile cósmico, practicar la paciencia y confiar en que todo sucede en el momento preciso se convierte en un arte vital, especialmente cuando los frutos de nuestros esfuerzos no son los esperados.

El presente, con su constante cambio y flujo, es el único terreno firme bajo tus pies. Evita la trampa de vivir atrapada entre los fantasmas del pasado y las sombras del futuro. Como sabiamente dice una querida amiga mía: "haz de tu presente tu residencia habitual y visita tu casa del pasado y del futuro solo por breves períodos para coger impulso y mirar hacia delante".

La vida es una danza efímera y cambiante. Lo que hoy parece sólido y seguro, mañana puede desvanecerse como el humo en el viento. Sin embargo, el juicio de lo que es bueno o malo se disuelve con el tiempo. Tras la tormenta siempre llega la calma y lo que hoy percibes como un obstáculo puede revelarse mañana como una puerta hacia nuevas oportunidades. A veces, es necesario que ciertos aspectos de la vida se derrumben para dejar espacio a experiencias más ricas y significativas, permitiendo un renacer mucho más poderoso.

Por eso es tan importante la creatividad, desde el sentido de crear. Porque conectar con tu interior creativo es como encontrar un refugio constante en medio del caos. Vivir según tus habilidades y capacidades más auténticas te permite fluir con la vida y acercarte paso a paso a tu verdadero propósito. Haciendo lo que amas y amando lo que haces, creando tu propia energía de autoconfianza, expresando al universo tus emociones.

La confianza en tu creatividad es como una chispa divina que enciende tu espíritu. Es la creencia en tu capacidad para generar ideas originales, resolver problemas de manera innovadora y llevar a cabo proyectos ambiciosos, lo que te hará llegar hasta donde tú quieras. Cuando confías en tus habilidades creativas, te sientes más predispuesta a explorar nuevos territorios, a asumir riesgos y persistir ante los desafíos.

Por otro lado, la falta de confianza puede drenar toda tu energía creativa, como un río que se seca en medio del desierto. Las dudas sobre tus capacidades te llevan a la autocensura, al miedo al fracaso y a la procrastinación, limitando esa capacidad tan tuya para soñar y explorar nuevas ideas.

Ya lo sabes, nunca, jamás dejes de soñar. Nos educan para quedarnos en la tristeza, para conformarnos con lo gris, para renunciar a cuanto anhelamos. Pero ya está bien, porque tú, yo y todas las personas merecemos más. El universo tiene mucho más que ofrecer que desilusión, culpabilidad y pena. Confía en ti, confía en que puedes.

Cuento de la autoconfianza creativa: el viaje del pincel

En un pequeño pueblo rodeado de campos verdes y colinas ondulantes, vivía una joven llamada Maya.

Maya tenía una pasión ardiente por la pintura, pero a menudo se sentía insegura acerca de su talento. Sus pinceles y lienzos se empolvaban en un rincón de su habitación, mientras ella luchaba con la duda y el miedo al fracaso.

Un día, Maya decidió dar un paseo por el campo para despejar su mente. Mientras caminaba entre los árboles, encontró un viejo granero abandonado. Las paredes del granero estaban adornadas con *grafitis* coloridos y murales impresionantes. Maravillada por la creatividad de los artistas desconocidos, Maya sintió una chispa de inspiración.

Decidió volver al granero cada día para practicar su arte. Comenzó a pintar pequeñas obras en las paredes del granero, dejando que su imaginación volara libremente. Con cada pincelada, Maya comenzó a sentirse más segura de sí misma. Aprendió a abrazar los errores y las imperfecciones, viéndolos como oportunidades para crecer y aprender.

Con el tiempo, los lugareños comenzaron a notar las coloridas adiciones al granero. Se sorprendieron por la belleza de las creaciones de Maya y la animaron a seguir adelante. Con su apoyo, Maya comenzó a experimentar con diferentes estilos y técnicas, descubriendo su propia voz artística en el proceso.

Un día, un galerista local visitó el granero y quedó impresionado por el talento de Maya. Le ofreció la oportunidad de exhibir sus obras en una galería en la ciudad cercana. Al principio, Maya sintió un nudo en el estómago ante la idea de exponer su arte al público, pero luego recordó todo lo que había aprendido en su viaje creativo.

Confiando en sí misma y en su creatividad, Maya aceptó la oferta. La noche de la inauguración de la exposición, el galerista y los lugareños se maravillaron ante las obras de Maya. Sus pinturas irradiaban energía y emoción, reflejando su viaje de autoconfianza y crecimiento creativo.

Desde ese día en adelante, Maya siguió pintando con pasión y convicción. A través de su arte, inspiró a otros a confiar en sí mismos y a perseguir sus sueños con valentía y creatividad. Y el granero abandonado se convirtió en un santuario de arte, recordando a todos que la confianza en uno mismo es el lienzo sobre el cual se puede pintar un futuro brillante y vibrante.

Aprende a identificar aquello que deseas

Espero que este relato corto te sitúe e inspire para el próximo capítulo de tu vida, donde la protagonista serás tú. Vas a escribir tu propio cuento de autoconfianza creativa, basándote en tu historia personal y recorriendo tus deseos y aspiraciones más profundos.

Por un instante, ponte en las botas de Maya. Como ella, tú también estás buscando en tu baúl de los recuerdos aquellos momentos y actividades que te hacen sentir auténtica y feliz. Piensa en tus deseos más sinceros y genuinos, esos que te transportan en el tiempo y el espacio y que te llenan de satisfacción y alegría.

No importa si nunca has compartido estas habilidades o capacidades con los demás, o si nunca te han visto como portadora de tales características. Estos talentos pueden ser tan sencillos como escribir tus emociones en un diario, pintar o decorar tu hogar, preparar deliciosos platos para tus seres queridos, leer o ver películas de un género específico, caminar por hermosos paisajes, o disfrutar de largas conversaciones con amigas.

Crea una lista de tus "Me Gusta Hacer" y permítete explorarlos con toda tu atención. Sumérgete en esta introspección y descubre lo que realmente te apasiona y te hace sentir viva.

Te animo a que te entregues con todo tu cariño a la tarea de crear tu lista de "Me Gusta Hacer". Te sorprenderá descubrir cuánta creatividad y pasión hay en ti cuando te tomas el tiempo para explorar tus propios intereses y placeres.

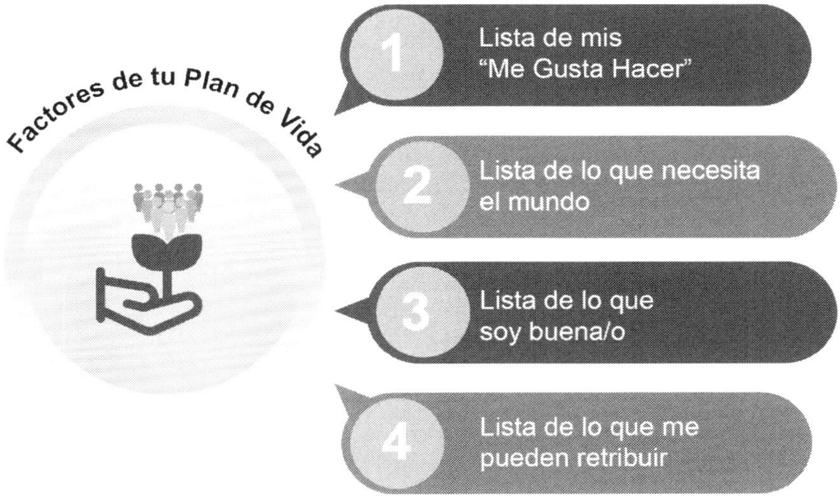

Deseo que disfrutes de un maravilloso viaje hacia tu interior, redescubriendo un corazón que ha estado esperando pacientemente que le dediques tiempo y atención.

Te hago una pregunta: ¿qué pasaría si te permitieras liberar una lluvia de ideas que surja de tu pasión y alegría de vivir, guiada por tus propios valores y principios?

Para hacerlo, te recomiendo que te encuentres en contacto con la naturaleza, al aire libre, donde puedas sentir la frescura del ambiente sin interrupciones. Dedica unos minutos a esta actividad, lejos de las obligaciones y responsabilidades diarias. Cuanto más practiques este ejercicio, notarás cómo tu creatividad fluye y se expande desde tu mundo interior hacia el exterior.

A continuación, encontrarás un relato corto que te ayudará a iniciar este proceso. Compártelo con quienes creas que puedan beneficiarse de él, al igual que tú. ¡Tu creatividad está a punto de florecer y te llevará a nuevos niveles de autoconocimiento y realización personal!

El cuaderno mágico de las cumbres

En un pequeño pueblo rodeado de montañas, vivía una joven llamada Elena. Desde que era niña, había soñado con explorar los picos nevados que se alzaban majestuosamente en el horizonte. Sin embargo, siempre había sentido un miedo paralizante a enfrentarse a las alturas.

Un día, mientras paseaba por el mercado del pueblo, encontró un viejo cuaderno de dibujo en una tienda de antigüedades. Decidió comprarlo y comenzó a llenarlo con sus dibujos imaginativos de las montañas que tanto anhelaba conquistar.

Con el tiempo, Elena descubrió que dibujar las montañas le daba una sensación de calma y confianza. Cada trazo en el papel era un paso más hacia su sueño. Inspirada por su creatividad, decidió enfrentar su miedo a las alturas y emprender el viaje hacia las cumbres.

Armada con su cuaderno de dibujo y una determinación renovada, Elena comenzó a escalar las montañas. En cada paso, recordaba los paisajes que había plasmado con sus lápices de colores y se sentía más segura de sí misma. Su confianza crecía a medida que ascendía, alimentada por la creatividad que fluía a través de ella.

Finalmente, alcanzó la cima más alta y se encontró mirando el mundo desde lo más alto. Con lágrimas en los ojos, abrió su cuaderno y comenzó a dibujar el panorama que se extendía ante ella. En ese momento, comprendió que la confianza en sí misma y la creatividad eran las herramientas que la habían llevado hasta allí.

Desde aquel día, Elena se convirtió en una exploradora intrépida, confiando en su creatividad para superar cualquier desafío que se interpusiera en su camino. Y mientras continuaba explorando el mundo, llevaba consigo el recuerdo de aquel cuaderno de dibujo que le recordaba que nunca debía subestimar el poder de su propia imaginación.

Aprende a identificar aquello que haces muy bien

A menudo, identificamos nuestras capacidades porque otros nos lo dicen, pero nosotras mismas podemos dudar de ellas o incluso restarles importancia. Esto sucede porque nuestro propio reconocimiento puede verse nublado por heridas emocionales del pasado, como la falta de autoestima o sentimientos de culpa derivados de experiencias traumáticas.

Estas dudas pueden originarse desde una crítica dura en la infancia, como la de una figura materna con una carga emocional pesada, hasta eventos significativos en tu vida que generan bloqueos emocionales y energéticos. Por ejemplo, las experiencias de pérdida y crítica emocional pueden hacer que te sientas insegura sobre tus capacidades.

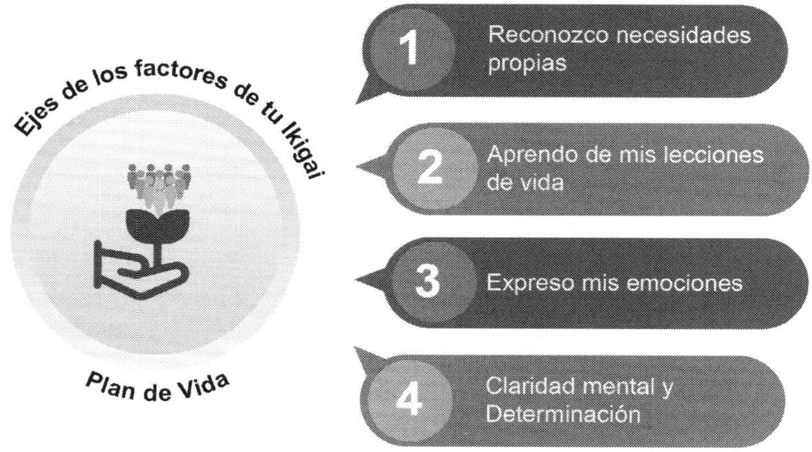

En mi caso, enfrenté estos desafíos en mi propia piel. Las críticas emocionales de mi madre y la pérdida de seres queridos, como mi hermana y mi padre, afectaron profundamente mi autoestima y mi percepción de las relaciones. Estas experiencias me hicieron enfrentar miedos y una tendencia a la dependencia emocional, manifestando una necesidad excesiva de aprobación y reconocimiento de los demás.

Superar estas barreras no fue fácil. Pasé por momentos de gran sacrificio, confusión y dudas en decisiones importantes. Enfrentar una enfermedad grave, como el cáncer, que también afectó a mi padre, fue una prueba dura pero transformadora. Afortunadamente, con el tiempo, logré liberarme de esa enfermedad.

La meditación y el estudio constante en psicología energética, junto con el uso de los remedios florales de Bach, fueron fundamentales en mi proceso de sanación. Estas prácticas me ayudaron a desarrollar una confianza y autoestima sólidas, independientemente de las circunstancias externas. Con el tiempo, mi salud se convirtió en un estado natural de bienestar y prosperidad. La creatividad fue la vía principal para expresar y transformar lo que había estado escondido en mi interior.

Por eso, hoy en día, puedo decir con toda certeza, que cultivar una autoconfianza y autoestima correcta va más allá de una simple actitud o carácter de la personalidad: se puede convertir y es, una cuestión de salud a todos los niveles; una prevención extraordinaria para no padecer enfermedades futuras en nuestros cuerpos físicos. Si atendemos nuestras emociones, pensamientos y cuestiones del alma, sin duda el éxito está al alcance de nuestras manos en riqueza y prosperidad internas perpetuas y las experiencias vitales serán nuestro gran tesoro de sabiduría del que alguien siempre se beneficiará tarde o temprano.

Mis cuestiones de vida me llevaron e impulsaron a crear cambios significativos para mi propia salud, y al integrar técnicas energéticas de expertos en espiritualidad y desarrollo personal, he descubierto cómo abrirse, con actitudes positivas, a un mundo de oportunidades infinitas. Estas técnicas me han enseñado que la clave para una verdadera transformación personal reside en mantener una autoconfianza sólida y consciente. Es esa confianza en una misma la que permite dar un salto cuántico hacia un cambio profundo, donde el autorreconocimiento y la autovaloración cobran más importancia que la necesidad de demostrar algo a los demás o de pertenecer a un grupo específico, a menos que tu vida profesional y personal se integren de forma coherente como expresión auténtica de tu propio camino y filosofía de vida.

Al final de este libro, compartiré contigo una combinación de estas técnicas para que puedas aplicarlas en tu búsqueda de propósito de vida. El objetivo es ayudarte a cultivar estabilidad, equilibrio y fortaleza interna, preparándote para enfrentar los desafíos más importantes de tu vida. No olvides que, durante todo este proceso, es esencial priorizar el amor propio y la autovaloración, con el apoyo de los remedios florales de Bach.

Tu energía femenina puede transformar el mundo

En el tapiz del universo, la energía femenina se entrelaza como un hilo dorado que une lo tangible con lo etéreo, lo terrenal con lo celestial. Esta energía sutil no solo trasciende las fronteras físicas, sino que también se adentra en los reinos espirituales y emocionales, desempeñando un papel crucial en el florecimiento de la creatividad y el espíritu emprendedor de las mujeres.

Imbuida de intuición, empatía, colaboración y la capacidad de nutrir y sostener, puedes canalizar esta energía en un potente torrente que impulsa la creación y el desarrollo de ideas. La chispa creativa, alimentada por esta energía ancestral, te ofrece perspectivas únicas para enfrentar desafíos y encontrar soluciones innovadoras. Al mismo tiempo, tu espíritu emprendedor se fortalece con la habilidad de forjar relaciones significativas y colaborar hacia metas compartidas.

Tu energía femenina, que va más allá de lo físico para tocar lo espiritual y emocional, resulta esencial para la expansión de la creatividad y el emprendimiento. Asociada con tu intuición y empatía, esta energía transforma la creación de proyectos y empresas en un proceso más enriquecedor.

En un mundo empresarial tradicionalmente dominado por enfoques masculinos, tu incorporación de la energía femenina no solo equilibra el panorama, sino que introduce nuevas formas de liderazgo y gestión. Tu liderazgo femenino, con su enfoque en el bienestar colectivo y su capacidad para inspirar a través de la autenticidad y la vulnerabilidad, es fundamental para crear entornos de trabajo más inclusivos, empáticos y creativos.

Fomentar y apoyar tu energía femenina en el emprendimiento no solo te beneficia a ti, sino que enriquece a la sociedad en su totalidad. Al desbloquear tu potencial creativo y empresarial, se abren nuevas posibilidades para enfrentar problemas sociales y económicos, se promueve la diversidad en el mundo empresarial y se avanza hacia una economía más equitativa y sostenible. Por ello, estoy convencida de lo importante que resulta crear espacios que te permitan explorar y desarrollar tu energía femenina, proporcionándote recursos, mentoría y redes de apoyo que te empoderen para liderar y emprender con éxito.

Este libro se ha creado con la misión de contribuir positivamente a este cambio, un cambio que ha llegado para quedarse y que promete transformar el mundo de manera duradera. Tú y yo, juntas, vamos a conseguirlo. Es el momento.

En el siguiente capítulo nos centraremos en cómo tu energía femenina puede hacer brillar tus actitudes para lograr esa vida que deseas. Sígueme otro escalón más hacia arriba, la cima está próxima.

Capítulo 9

DECIR SÍ A LA VIDA

"La vida es lo que pasa mientras estás ocupado haciendo otros planes".

John Lennon

El eco de la vida te trae lo que das

La vida es lo más bonito que te puede pasar. A ti, a mí y a todas las personas que poblamos este universo como llamas de colores brillantes. La vida es un regalo y es precioso, es estar aquí y ahora, sentir, soñar, amar. También hay dolor, pena y sufrimiento, no te lo voy a negar. Sin embargo, te diré que esas nubes negras no siempre cubren el cielo y que hay muchos más días de sol que de lluvia. Porque vivir en positivo es disfrutar del cariño que el universo nos reserva, mientras que una vida aferrada a lo negativo es bloquear constantemente la luz y el calor, lo bueno, lo agradable. Por eso di siempre SÍ al momento presente. Ríndete a lo que es. Y observa cómo la vida, repentinamente, empieza a fluir favorablemente hacia ti, en vez de ir contra ti.

Decir sí a la vida y al momento presente es una práctica poderosa que puede transformar tu existencia de maneras muy profundas. Esta actitud implica abrirte a las experiencias, desafíos y oportunidades que aparecen en tu camino, eligiendo abrazar plenamente la vida tal como es, en lugar de resistirnos a lo que trae cada día.

Aceptar el momento presente es, en esencia, una práctica de *mindfulness* o atención plena. Significa estar completamente inmersa en el aquí y el ahora, siendo consciente de tu experiencia sin juzgarla. Este enfoque no solo reduce el estrés y la ansiedad, sino que también aumenta la capacidad de apreciar la belleza y las alegrías simples de la vida. Al estar presente y ser la actriz principal de tu historia, y no una simple espectadora, puedes reconocer las oportunidades que se te presentan y actuar de manera más efectiva para aprovecharlas.

Por otro lado, decir sí a la vida también implica una actitud de apertura y aceptación hacia ti misma y hacia los demás. Te enseña a ser más compasiva y empática, reconociendo que cada persona está haciendo lo mejor que puede con las herramientas que tiene en el momento. Esta actitud insufla energía a cada una de tus células, empoderándote para enfrentar los desafíos con valentía y optimismo, confiando en tu capacidad para superar los obstáculos y aprender de ellos.

Ahora bien, decir sí a la vida es mucho más que una simple afirmación. Se trata de adoptar una filosofía capaz de transformar toda tu realidad. Al practicar esta actitud de apertura y aceptación, experimentarás una serie de beneficios que te permitirán disfrutar de una vida más plena y satisfactoria.

Adoptar una actitud positiva hacia la vida también te brinda valentía y optimismo. Cada desafío se convierte en una oportunidad para demostrar tu resiliencia y confianza en tus propias capacidades. Esta perspectiva te impulsa a seguir adelante con determinación, viendo los obstáculos no como barreras insuperables, sino como pruebas que puedes superar con coraje y esperanza.

Además, decir sí a la vida te invita a vivir el presente con intensidad, saboreando cada momento, apreciando las pequeñas maravillas que te rodean, encontrando belleza en lo cotidiano.

Vivir la vida con gratitud y plenitud transforma cada una de tus experiencias en algo único y tan especial que sientes como si un jardín de flores preciosas y maravillosas creciera dentro de tu pecho, entre tus costillas, en tu corazón.

Deja que tu corazón se expanda en un abrazo cósmico

Durante este viaje de páginas de papel y letras impresas que estamos haciendo juntas, hemos recorrido valles y picos, bosques y jardines, cuevas, grutas y senderos soleados en los que los rayos suaves de un sol brillante han acariciado nuestra alma. Juntas, hemos recorrido el camino de la autoconfianza y la autoestima, conociendo su poder transformador y empoderado. Sé que no ha sido un camino fácil de recorrer, que ha habido más baches que llanuras. Sin embargo, tengo una muy buena noticia que darte: no estás sola, nunca lo estuviste, ni lo estarás jamás gracias a las leyes universales de la creatividad.

Solo necesitas centrarte en tu energía, en tu confianza y en tus capacidades, talentos y habilidades. Así, puedes crear la vida que ya te pertenece por derecho propio. Al dejar fluir tu energía interna, limpia y congruente, sabrás elegir lo mejor para ti en un mundo lleno de posibilidades. Algunos lo llaman destino, otros propósito o misión del alma. Puedes ponerle el nombre que quieras. Incluso entenderlo, simplemente, como la vida misma fluyendo a través de ti.

A lo largo de estas páginas te he compartido tesoros naturales como los remedios florales de Bach y la sabiduría energética de los

Chakras, estos centros luminosos que vibran en tu ser, invitándote a descubrir y abrazar tu autoconfianza y autoestima innatas. Y no podemos olvidar tu dimensión espiritual, esa chispa divina que danza entre la energía cósmica y terrenal, siempre a tu favor.

Mi punto de partida es la amalgama de mi experiencia personal y mi conocimiento profesional. Mi misión es clara y profunda: despertar en ti la consciencia individual y planetaria a través del arte sublime de amarte a ti misma. En cada una de nosotras, la energía femenina es una melodía esencial. Esta energía, en armonía con la energía masculina, crea la sinfonía de nuestra esencia en este mundo cambiante.

La vida no es una flecha que avanza sin más hasta impactar y caer en el olvido. Al contrario, vivir es danzar al son de energías que te elevan y transforman, logrando que cualquier desarmonía en el mundo físico, ya sea una enfermedad, una relación rota o cualquier obstáculo que se presente, pueda ser superada por tu mejor versión.

El mayor descubrimiento que he hecho hasta ahora es que estamos todas entrelazadas en una red energética íntima y vibrante. Nuestro estado emocional es la llave que abre la puerta a una vida de paz y plenitud. Y esa puerta está ante mí, está ante ti, la tenemos delante y nada nos impide abrirla.

Porque tú eres tu mayor tesoro. Centra tu atención en ti misma, ámate antes de aprender a amar a los demás. Agradece a la vida por lo que ya eres, por lo que ya tienes y por lo que serás. Ama sin miedo, sin cadenas, sin cicatrices. Ama libre y de forma plena, bonita y en paz. Ábrete a recibir las bendiciones de la vida, pues esta tiene mucha abundancia esperando por ti, solo tienes que creerlo y dejar de ignorar las señales, dejar de escuchar la voz limitante de la escasez.

Déjate guiar por estas verdades, y en cada paso, siente cómo tu espíritu se eleva y tu corazón se expande en un abrazo cósmico.

Centra la atención en ti, en tu conexión con el universo

Donde pones tu atención, ahí es donde fluye tu energía. Con un toque de sentido común y una pizca de intuición, puedes aprender a manejar esta energía de manera saludable y eficaz. Si sabes enfocarte en ti misma, descubrirás cuándo y cómo redirigir tu atención hacia los demás, respetando siempre los límites energéticos que te definen y protegen.

Así, las relaciones se transforman en experiencias más placenteras y respetuosas, menos invasivas y abruptas. Podrás compartir sin sentir pérdida, sin temor a la falta de aprecio, valor o aceptación. Responderás con libertad y serenidad a los juicios y opiniones ajenas, moviéndote de un estado de autodefensa a uno de relajación atenta, eligiendo conscientemente cada reacción. La energía que corre por tus venas, por tus células y tu espíritu, debe ser utilizada con sabiduría, para tu beneficio y progresivamente, para el de los demás.

Creo firmemente que esta es la manera más pura de expresar nuestra verdadera esencia como seres humanos, uniendo el mundo energético con el material. Esto es manifestar nuestro propósito de vida. Al conectarnos con la prosperidad y abundancia del mundo energético a través de nuestra intuición y herramientas vibracionales, y alinear nuestra energía con la tierra, nuestra vida se enriquece en todos los sentidos.

La duda y el miedo son enemigos de la confianza, pero al aceptarlos, cesas de resistirte y la energía cambia más rápidamente. La célebre frase "tenemos lo que somos y no lo que deseamos" resume a la perfección esta idea. Y es que al descubrir nuestra verdadera esencia, nos elevamos.

Así, percibes tus emociones, pensamientos y acciones como parte de algo más trascendente. Tal como enseñaba el Dr. Edward Bach, a quien considero mi gran maestro, nuestra responsabilidad es fundamental para darle un sentido concreto, práctico y superior a nuestra vida, más allá de los intereses materiales.

Encontrar la simplicidad en la vida es hallar tu propio "Ikigai", esa filosofía práctica que integra nuestra conexión con la energía cósmica y la energía de la Tierra. Este equilibrio entre dar y recibir nos sitúa en un flujo constante de abundancia y prosperidad, alimentado por la energía universal. Si aspiras a una vida mejor, más saludable y llena de bienestar, debes aprender a manejar esta integración. La energía del amor está en todas partes y las propiedades sanadoras de las flores me lo recuerdan cada día, sin importar mis ocupaciones diarias.

Es esta atención enfocada en ti misma la fuerza motriz que mueve toda tu realidad. En el mundo físico, puedes ver, escuchar, oler, saborear y cambiar las cosas de manera evidente. En el mundo energético, los cambios no son tan visibles, pero sí mucho más significativos. Tu misión es transferir esa energía no física, especialmente la autoconfianza y la autoestima, al mundo material.

Lamentablemente, todas llevamos heridas de experiencias pasadas y sentimos confusión ante los mensajes que la sociedad y cuanto nos rodea nos envía. Inconscientemente, transmitimos ese dolor y confusión a los demás. Pero la sanación energética nos ayuda a liberar ese peso, permitiéndonos vivir y relacionarnos de manera más plena y auténtica.

La clave para esta sanación es tomar consciencia de tu propio dolor y confusión, alcanzando así un estado de congruencia personal que te lleve a la felicidad, la conexión, la abundancia y la dicha. Al abrazar este proceso, los beneficios son claros: experimentarás mayor felicidad, seguridad y compasión, permitiéndote sentir y fluir con la vida de una manera más armónica, sin los obstáculos que crean los bloqueos energéticos.

Te voy a confesar algo que ha surgido en la escritura de este libro, y esto es, que yo creo firmemente que he venido a este mundo con la única misión de aprender a sentir, que creo que todos y cada uno de nosotros tenemos esa doble misión que nos hace ser iguales en la vertiente más profunda del alma, y que para ello hemos experimentado situaciones dolorosas de todo tipo con el único fin de que nos permitamos sentirlas en todas sus dimensiones humanas. Hacerlo ya nos hace ser únicos y especiales, abrazando a nuestro verdadero Ser sin condiciones. La mayor contribución al mundo que tú y yo podemos hacer. La verdadera sanación empieza aquí y es para siempre.

Con seguridad y empoderamiento, podrás enfrentar las dificultades utilizando tu intuición y claridad mental y emocional. El primer paso es centrarte en tu propia energía de autoconfianza, alimentada por tus cualidades y virtudes. Esto llenará tu "vaso medio vacío" con una transformación positiva, despejando la confusión mental y guiándote hacia decisiones más sabias y resultados más satisfactorios.

Mantener este rumbo se logra practicando hábitos saludables diariamente y conectando con tu cuerpo físico, la manera más natural y sencilla de integrar espíritu y presencia, viviendo en el aquí y ahora. Meditación, respiración consciente y el cultivo de tus cualidades son herramientas esenciales que te propongo en este libro para alcanzar la paz y la capacidad de ejercer tu destino con confianza y amor propio.

Los miedos, soñar despierta, el dolor emocional, las malas relaciones con tu cuerpo, ideas o emociones, y la falta de pasión y motivación son obstáculos que te impiden estar presentes y vivir plenamente, que te arrastran hacia el fondo de un pozo oscuro lleno de densas tinieblas de las que es muy difícil escapar. Por suerte, tienes al alcance de tu mano los remedios energéticos y espirituales de la madre naturaleza, que te ofrecen recursos ilimitados para sanar y fortalecerte.

Centra la atención en ti, en tu conexión con la tierra, con los árboles, con el viento que susurra palabras de amor y abundancia en tus oídos, que te despeina con cariño y te abraza con suavidad.

Busca en tu espíritu los motivos que te hacen caminar, las emociones que brillan y no las que tiñen de negro. Grita, corre, baila, sueña, que el arte y la creatividad te hagan vibrar tan alto que tu energía te haga volar. Primero tu corazón, sano y fuerte, y luego el mundo que te mereces.

Agradece a la vida lo que ya eres y lo que tienes

Practicar la gratitud ha sido una de las herramientas más poderosas que he abrazado para transformar mi vida. Esta práctica me ha guiado desde un estado de carencia y desmotivación hacia un mundo rebosante de alegría y creatividad. Los ecos de este cambio han resonado profundamente en mis relaciones y en mi realidad material.

Vivir en gratitud es aprender a valorar y apreciar cada detalle que ya forma parte de tu existencia. Aunque parezca sencillo, esta práctica a menudo se pierde en el ajetreo de esa rutina diaria que, como a mí, intenta atraparte en su ruido incesante. Agradecer la luz del sol que anuncia un nuevo día o el sabor de los alimentos que disfrutamos me reconecta con mi corazón, alejándome de la constante vorágine de la que amenaza la calma de mi mente.

Practica la gratitud. Esta va más allá de simplemente dar las gracias. Es un sentimiento profundo que te invita a enfocar toda la energía en tu corazón, uniéndote a la vida y sus ciclos naturales de cambio y evolución. Aprendiendo a disfrutar de los momentos sencillos, reconoce tus capacidades para enfrentar desafíos, y agradécelas a tu ser.

Vivir agradecida te lleva a actuar en lugar de reaccionar. El tiempo se vuelve más relativo, y la ansiedad por el futuro o la tristeza por el pasado se disipan suavemente, sin necesidad de forzar nada. Ese es el truco. Esa es la clave, para mí, la pieza más importante. Fluir y no forzar. Agradecer y no rogar. Vivir y no simplemente estar.

Aprende a amar sin miedo

Si tienes miedo, no puedes amar verdaderamente. Esta es la esencia del amor incondicional. Varios estudios han demostrado que el miedo y el amor son emociones que, aunque opuestas, son diferentes niveles de vibración de la misma energía. El miedo vibra a niveles bajos, mientras que el amor vibra a niveles altos.

Cuando sentimos amor, es como si una luz cálida y brillante nos envolviera. Nos sentimos felices, seguras y conectadas con los demás. Esta energía positiva nos impulsa a hacer cosas buenas y a ayudar a otros. El amor nos abre a compartir, cuidar y ser amables.

Por otro lado, el miedo es como una sombra oscura que nubla nuestra mente y nos debilita. Nos sentimos inseguras, ansiosas y separadas del mundo. Esta energía negativa nos hace querer escondernos o protegernos de lo que percibimos como peligroso. El miedo puede paralizarnos y limitar nuestra capacidad para disfrutar plenamente de la vida.

¿Qué ocurre cuando el amor y el miedo se encuentran? Es como una batalla interna entre dos fuerzas poderosas. Queremos amar y confiar, pero también tenemos miedo de ser lastimadas o decepcionadas. Este conflicto crea confusión y ansiedad, haciéndonos sentir atrapadas en un ciclo de emociones contradictorias.

Sin embargo, puedes aprender a manejar esta relación entre el amor y el miedo. En lugar de dejar que el miedo te controle, tienes la opción de enfocarte en el amor y dejar que esa energía positiva te guíe. Esto significa hacer frente al miedo con valentía y compasión, y cultivar el amor propio y la aceptación.

Cuando eliges el amor por encima del temor, rompes las cadenas de tu mente y abres tu existencia a una miríada de nuevas posibilidades. Así es como te vuelves más receptiva y creativa, encontrando la fuerza para superar los obstáculos. Cree en el amor, y aliméntate de esa energía para crecer, sanar y conectarte profundamente con el universo y su vasto saber.

La próxima vez que te encuentres atrapada en el miedo, recuerda que tienes el poder de elegir el amor, y si es necesario, no dudes en pedir ayuda. Si no lo haces, es muy probable que no la recibas, hasta que aprendas a hacerlo. De esta forma, puedes transformar esa energía oscura en luz y encontrar la paz y la plenitud que anhelas.

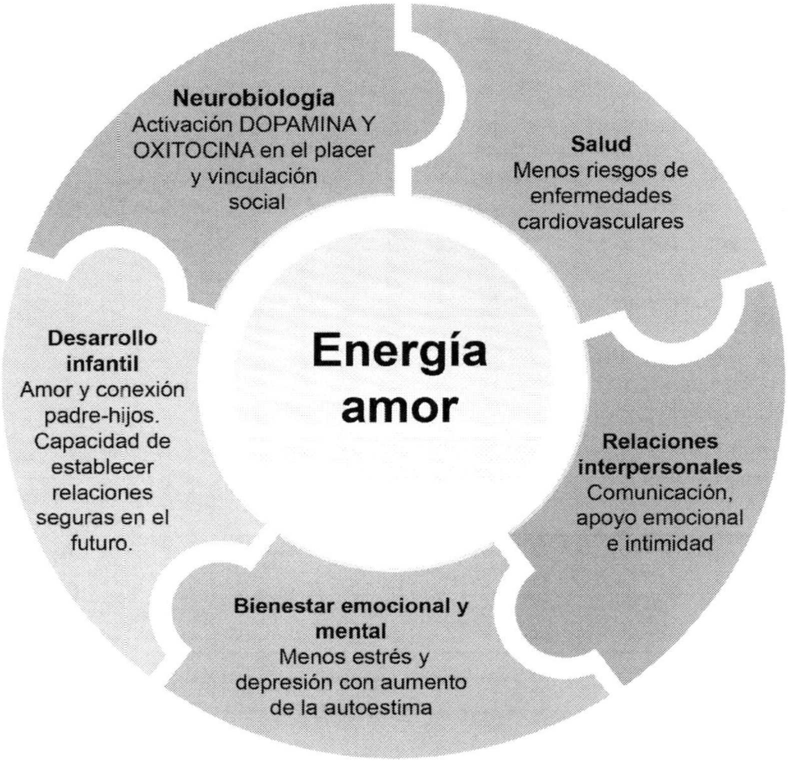

La energía del amor recorriendo tus células

Existen diversos estudios científicos que se han enfocado en explorar cómo el amor moldea nuestras emociones, comportamientos y relaciones interpersonales desde perspectivas psicológicas, neurológicas y sociológicas. Estas investigaciones revelan la profunda influencia del amor en nuestra vida diaria y en nuestra capacidad para conectarnos con el resto de personas, formando parte de esa red enorme que compone el universo.

La neurobiología del amor muestra que este sentimiento activa áreas específicas del cerebro, como el sistema de recompensa, liberando neurotransmisores como la dopamina y la oxitocina, asociados con el placer y la vinculación social. Este despertar químico en tu interior no solo te hace sentir bien, sino que te impulsa a buscar y fortalecer conexiones significativas con aquellas personas que amas. Fíjate lo profundo que llega a ser el impacto del amor en todo tu ser, en tu aspecto físico y en el espiritual, en todas las partes y retazos que hacen de ti la persona que eres.

Todos los seres vibramos en el amor. Estos estudios sugieren que las personas que comparten vínculos fuertes y relaciones sanas presentan un menor riesgo de enfermedades cardiovasculares y experimentan una mayor sensación de bienestar emocional. El amor, entonces, se convierte en un escudo invisible que te protege a la vez que te hace más fuerte.

Más allá de todo esto, para mí el amor es un refugio seguro donde el alma puede descansar y renovarse. A través de la comunicación efectiva, el apoyo emocional y la intimidad, el espíritu sana, crece y se desarrolla como un entramado de hilos imposibles de cortar que definen tu lugar en el mundo.

Somos amor. Nacemos del amor. Crecemos en el amor. Y nuestra forma adulta depende en gran medida del amor recibido cuando éramos niñas. Y es que en el ámbito del desarrollo infantil, el amor y la conexión emocional entre padres e hijos son fundamentales. La ciencia ha demostrado que el apego es muy importante para el desarrollo saludable de los niños, influyendo en su capacidad para establecer relaciones seguras en el futuro. El amor parental se convierte así en la semilla que nutre y hace florecer las futuras generaciones.

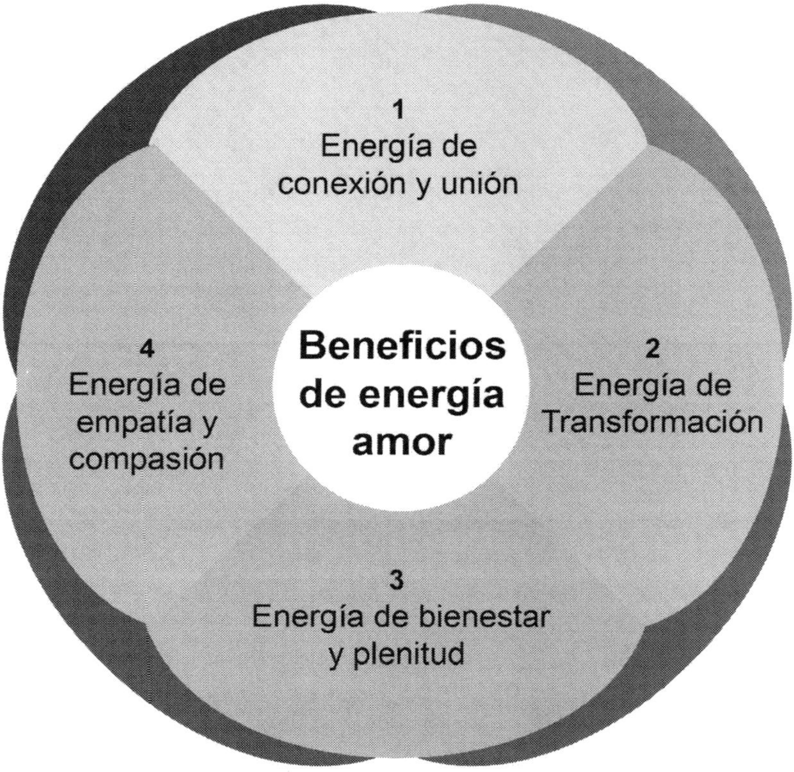

Con todo esto, se puede pensar en el amor como una forma de energía que fluye entre individuos, promoviendo la conexión, la comprensión y el apoyo mutuo. El amor tiene el poder de transformar tanto a las personas como a las situaciones. Puede inspirar cambios positivos, motivándonos a crecer, aprender y mejorar. Esta capacidad transformadora del amor puede compararse con la energía que impulsa los procesos de cambio y desarrollo en el universo.

Cultivar esta energía en nosotras mismas y en nuestras vidas genera la confianza en la capacidad de autosanación y transformación, más allá de los principios de la ciencia tradicional. Los efectos positivos del amor son tan profundos y personales que no podemos refutarlos; son una realidad tangible en la experiencia de cada una de nosotras. El amor, en todas sus formas, es la fuerza vital que nos une, nos transforma y nos eleva.

Ábrete a recibir la vida

En la conciencia, se entrelazan el ser, hacer y tener, formando un tapiz de energía que fluye continuamente. Este flujo de dar y recibir se convierte en una danza constante en la vida, tanto a nivel personal como profesional. No hay mayor deleite que sentirte merecedora de todo lo que eres, de todo lo que das y de todo lo que recibes de los demás.

Tus palabras, las precursoras de tus acciones, delinean tu identidad y tu lugar en el mundo. Este proceso se nutre y fortalece con la vibración congruente de tus pensamientos y emociones. Por eso es esencial recibir con un sentimiento de merecimiento y autovalía, permitiendo que la energía del universo fluya libremente a través de ti.

La vida me ha enseñado que resistir los cambios necesarios y no comprender el significado más profundo de las situaciones dolorosas solo agrava los problemas. Cuando dejé de preocuparme por lo que no podía controlar y comencé a enfocarme en lo que sí podía, mi energía de confianza floreció. Adopté una actitud de observadora, aceptando con gratitud lo que la vida me ofrecía, confiando en que cada experiencia era para mi bien.

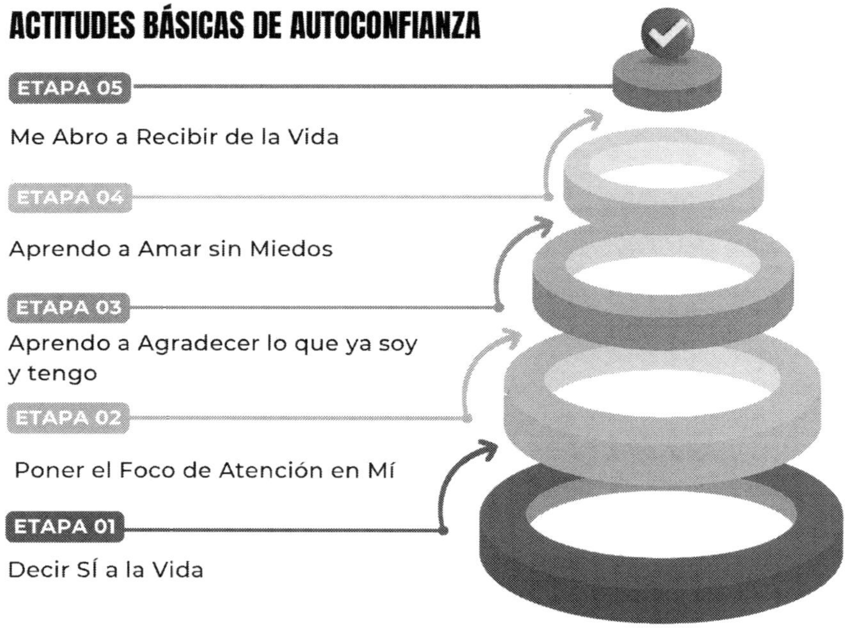

Para cerrar este capítulo, quiero compartir un breve relato que ejemplifica el mayor logro de abrirse a recibir de la vida. Tenemos mucho que aprender sobre este viaje que es vivir cada día bajo la luz del sol y la calma de las estrellas. Y es a través de las historias como mejor podemos comprender sus matices.

El cuento del merecimiento

En un pequeño pueblo rodeado de colinas verdes, vivía una joven llamada Elena. Desde pequeña, Elena había soñado con explorar el mundo más allá de su hogar, pero siempre se encontraba atada por las responsabilidades y expectativas de su familia.

Un día, mientras paseaba por un bosque cercano, Elena tropezó con un sendero que nunca había notado. La curiosidad la llevó a seguirlo, y pronto se encontró rodeada de árboles majestuosos y el canto de los pájaros.

A medida que avanzaba por el sendero, Elena se dio cuenta de que cada paso le abría nuevas perspectivas y experiencias. Se topó con arroyos cristalinos, flores silvestres de colores vibrantes y animales juguetones. Cada descubrimiento despertaba en ella una sensación de asombro y gratitud por la belleza que la rodeaba.

Al llegar al final del sendero, Elena se encontró frente a una colina con vistas panorámicas del valle. El sol se estaba poniendo en el horizonte, pintando el cielo con tonos cálidos y dorados. En ese momento, Elena sintió una profunda conexión con el mundo que la rodeaba y una sensación de paz interior que nunca había experimentado.

Desde ese día, Elena decidió abrirse más a las oportunidades y aventuras que la vida le ofrecía. Aprendió a valorar cada momento y a encontrar belleza en las pequeñas cosas. Descubrió que, al abrir su corazón y mente a lo desconocido, estaba abriendo las puertas a un mundo de posibilidades infinitas.

Dentro de estas posibilidades conoció a muchas personas sabias que le ayudaron en su camino de conocerse y descubrir sus propias cualidades que ofrecer, igualmente, a las personas que lo necesitaban.

Elena aprendió que, a pesar de las muchas dificultades que había tenido a lo largo de los años, mantener una actitud positiva de apertura, de fe y confianza en la vida, era lo más importante para seguir aprendiendo a interactuar con ella misma y con todo aquello que vibraba en positivo hacia su vida, descubriendo sus señales de orientación a través de su intuición.

Al abrirse a recibir, Elena descubrió que la vida estaba llena de sorpresas maravillosas esperando ser disfrutadas. Y aunque aún tenía sueños por cumplir y desafíos por enfrentar, sabía que mientras mantuviera su corazón y su mente abiertos, siempre estaría lista para recibir lo que la vida tenía para ofrecerle.

La vida es un regalo, disfrútalo cada día

El pequeño relato que acabas de leer trata sobre mí, pero también sobre ti. ¿Te has dado cuenta? Elena es como tú, y de la misma forma merece toda la abundancia que el universo quiere darle. El problema, y sé de lo que hablo porque fue mi problema durante mucho tiempo, es que nos educan desde una mentalidad de escasez, de estoicismo y austeridad, de normalización del sufrimiento. Así, casi sin darnos cuenta, lo que ambas hemos estado haciendo demasiado tiempo ha sido negar el amor del cosmos, por pensar que no lo merecemos y que lo único real son las sombras proyectadas en la pared. Que el dolor es parte de la vida y el amor únicamente una ilusión, cuando, amiga mía, ya sabemos que es justo al contrario.

Como ya hemos visto, decir sí a la vida es mucho más que una simple afirmación. Es una declaración de amor y valentía hacia ti misma. Es abrir los brazos al amanecer con la confianza de que cada nuevo día trae consigo oportunidades de crecimiento y aprendizaje. Es aceptar con gratitud tanto las alegrías como las adversidades, sabiendo que cada una de ellas te moldea, fortalece y enseña.

Cuando dices sí a la vida, te permites ser vulnerable y auténtica, dejando atrás los miedos que te atan y las dudas paralizantes. Es permitir que la magia de lo cotidiano te envuelva y descubrir la belleza en los detalles más simples, como el aroma del café por la mañana o el sonido de la lluvia contra la ventana, encontrando la belleza en el arte, en el placer de tu creatividad.

Decir sí a la vida es confiar en que, a pesar de los desafíos y las incertidumbres, cada experiencia tiene un propósito. Entender que las lágrimas tienen su lugar en el universo al igual que las sonrisas, pero que cada llanto pesa toneladas de risas. Es creer en la resiliencia de tu espíritu, en tu capacidad de sanar, de amar y ser amada incondicionalmente. Vivir la vida con una pasión encendida, con la gratitud de quien sabe que cada día es un regalo único y precioso. Decidir ser protagonista de tu historia, escribiendo cada capítulo con determinación y coraje.

Alejar el "no" y la negatividad para decir sí a la vida es, sobre todo, un acto de fe en ti misma y en el universo. Estás aquí, sosteniendo este libro entre tus manos, para florecer, para aprender, para crecer. ¿Seguimos pasando páginas juntas?

Te espero en el siguiente capítulo en el que te hablaré del significado espiritual de la abundancia. Mientras, di sí a la vida.

Capítulo 10

RELACIONES Y PROPÓSITO

"O somos víctimas o somos creadores de nuestra realidad".

Joe Dispenza

El árbol de la vida que crece en tu pecho

Toda mi vida he buscado algo sin saber exactamente el qué, sin ser del todo consciente de ese anhelo, pero sintiéndolo crecer con fuerza en mi pecho. Sus raíces se entrelazaban en mi interior y nutrían el árbol de mi vida con la savia de los sueños y los deseos. Pero yo, amiga mía, cometía una y otra vez el error de ignorar su presencia, de girar la cara hacia el lado más gris de la realidad. ¿Por qué? Pues porque estaba convencida de que eso era lo que debía hacer, que soñar no servía más que para frustrarme y hacerme sufrir. Que la abundancia no era para mí. Pasé mucho tiempo cerrándome a las señales del universo, demasiado. Hasta que mi historia llegó a una encrucijada: o caía más y más y sin remedio, o dejaba de ignorar la voz del cosmos y comenzaba a fluir con la vida.

Desde entonces, la abundancia y la espiritualidad han sido pilares en mi relación con cuanto me rodea. Pero ya desde mi infancia estos conceptos ocupaban un lugar especial en mi mente, emociones y acciones, incluso si al principio fue de manera inconsciente, incluso si me empeñaba en obviarlos o incluso negarlos.

Recuerdo cómo de niña uno de mis objetivos principales era ser una excelente estudiante. Con esfuerzo, constancia y dedicación, lograba resultados académicos sobresalientes. Hoy en día, esos años escolares los veo como algunos de los mejores de mi vida, llenos de orgullo y reconocimiento tanto por parte de mis compañeros como de mi familia. A través de esos logros, sentía mi propio valor y me destacaba positivamente en mi entorno familiar. Me convertí en "la estudiante eterna" para mis padres, y fue así como nació mi devoción por el estudio y el aprendizaje.

Esta pasión por aprender, especialmente sobre la gestión de emociones y pensamientos para llevar una vida plena y significativa, se profundizó con los años y me llevó a estudiar psicología en la universidad. Así, la búsqueda de abundancia y espiritualidad no solo se convirtió en una prioridad, sino en un camino de vida que sigo explorando con entusiasmo y dedicación cada nuevo amanecer.

Y es que lo que recibimos en nuestra infancia, tanto emocionalmente como a través de palabras y acciones, influye profundamente en nuestra identidad, confianza y autoestima. Por eso me volví experta en identificar las palabras y conductas que me hacían sentir bien o mal dentro de mi familia y en cualquier entorno. Era como si tuviera un sexto sentido que iba más allá de las apariencias, guiándome a crear mi mundo en torno a mis intereses como la lectura, la naturaleza, la escritura, y el estudio de la filosofía y la lengua española.

Más tarde, descubrí los libros de autoayuda sobre inteligencia emocional y espiritual. Estos, junto con cursos de desarrollo personal, me ayudaron a establecer una conexión profunda con el mundo natural y a encontrar consuelo en mis pensamientos y sensaciones durante largos momentos de soledad.

Para mí, el mayor desafío siempre fue entender y gestionar mis emociones. Conocerme a mí misma, se convirtió en la llave para abrir nuevas puertas y explorar horizontes que me colmaron de sensaciones largo tiempo reprimidas. Busqué la felicidad a través del bienestar en todos los aspectos de mi vida. Dejé que las raíces del árbol profundizaran en mi corazón, alimentándose de la energía de mi amor propio para crecer alto, tan alto que sus ramas dieran fruto y ese fruto pudiera ser compartido con los demás. Me dejé llevar por la corriente del universo y aprendí a decir sí a la vida.

No siempre fue sencillo. Las dificultades económicas y las tensiones entre mis padres me hicieron adoptar un papel adaptativo e independiente en mi forma de pensar y sentir, especialmente en lo relacionado con mi familia. Siendo la menor y perdiendo a mi padre por un cáncer pulmonar a los quince años, la sobreprotección emocional de mi madre marcó de forma negativa mi capacidad de expresar mis emociones. Ella, tratando de protegerme, me enseñó a ocultar mis sentimientos de tristeza y desánimo, fortaleciendo una fachada de falsa entereza empeñada en no mostrar debilidad ante las dificultades económicas y emocionales que enfrentábamos. Esta protección dejó una huella duradera en mi relación con el dinero y tuve que reprogramar con dedicación y paciencia mi gestión emocional.

Además, ante estas situaciones difíciles arraigó en mí la idea de que el amor y el sacrificio iban de la mano. Crecí creyendo que amar significaba entregarse totalmente a los demás y que el esfuerzo, muchas veces no valorado, era la base de la economía familiar. En mi hogar no había mucho espacio para el disfrute y la despreocupación, y menos aún para hacer lo que realmente me apasionaba, como escribir cuentos en mi vieja máquina de escribir y devorar libros, cuentos y leyendas al aire libre.

En este mismo instante, aquí y ahora, todo lo que hago lo hago desde el amor, desde la intuición y la pasión. Mi sueño de escribir un libro sobre emprendimiento personal se ha hecho realidad, lo tienes en tus manos, es de papel, pero late con vida. ¿Por qué negar lo que anhelamos? ¿Para qué sirve machacarse una y otra vez alejándonos de nuestros deseos y pasiones? Para nada, si acaso, para llevar una vida anodina donde la tristeza y el hastío se cronifican.

Ahora sé que no solo debes creer en tus sueños, sino que tu vida mejorará mucho si te atreves a perseguirlos. Sin embargo, no siempre creí que esto fuera posible. Fue solo después de trabajar en mi propio desarrollo personal y profesional (licenciándome en psicología, especializándome en coaching floral y estudiando terapias alternativas como la meditación, la cábala evolutiva y los registros akáshicos) que me sentí preparada para escribir y autopublicar mi primer libro de desarrollo personal.

Hoy en día, percibo la abundancia y la prosperidad como un cúmulo de oportunidades para crear la vida de mis sueños y convertirme en la persona que siempre he querido ser. Lo más valioso que he aprendido en estos años de superación personal y cambios profesionales es que todo está sujeto a cambios, nada permanece para siempre. La transformación que ocurre cuando te atreves a vivir tu vida con felicidad y autenticidad tiene un valor incalculable y permanece contigo para siempre, sin importar los desafíos que enfrentes. Esta es la base de la autoconfianza, la semilla que germinará hasta que comprendas que eres única, capaz y maravillosa.

Cuando eres consciente de esto, la manifestación de tus deseos se vuelve inevitable. La vida se convierte en un continuo avance de evolución significativa, permitiéndote vivir desde tu esencia más genuina. La autoconfianza y la autoestima emergen naturalmente, al igual que la prosperidad económica. ¿Has conocido a alguien con alta autoconfianza y autoestima que no tenga su economía bajo control y gestionada con éxito?

Yo misma soy un ejemplo. Mi economía se estabilizó cuando comprendí que la espiritualidad no es auténtica si se separa del mundo material. Ambos aspectos trabajan juntos, reflejando nuestras verdaderas capacidades y talentos.

No olvidemos que la energía del dinero está relacionada con nuestras creencias sobre él. Al igual que nuestra autovalía y confianza personal, nuestras creencias influyen en las experiencias que vivimos, ya sean de carencia o de abundancia. ¿Por qué no aplicar este concepto a todo lo que creamos con nuestras capacidades y talentos únicos? Creer para crear, amiga mía, y viceversa.

Si comienzas por descubrir y desarrollar tus cualidades y virtudes más auténticas, si crees en que puedes lograr tus sueños, si estos no son un mero *post-it*, sino una realidad que persigues. Si crees en ti, ¿qué esperas que suceda?

Todo. Sucederá todo. Lo que desees. Lo que sueñas. Lo que aspiras. El campo energético que generarás a tu alrededor se expandirá, atrayendo más posibilidades en armonía con la claridad y determinación que expresas mediante tu energía interior. ¿Puede haber mayor abundancia que esa?

Da el primer paso y el universo te seguirá

¿Sabes qué? No somos seres humanos viviendo una experiencia espiritual, somos seres espirituales viviendo una experiencia humana. De ahí que necesitemos sentir una fuerte conexión con cuanto hacemos y nos rodea, un vínculo estable y afianzado que nos hace sentir parte de los latidos del universo.

Si has explorado terapias naturales y de crecimiento profesional, seguro que has escuchado eso de que "hay que lograr conectar". Quizás también has oído hablar de abundancia, prosperidad y libertad financiera antes de leer este libro que he escrito para ti.

Son conceptos que a lo largo de mi formación he ido encontrando y estudiando, con el objetivo de alinear mi proyecto personal con mi esencia y el mensaje que quiero compartir con el mundo.

Sin embargo, pospuse ese mensaje porque creía que debía estar completamente segura de cómo presentarlo y cómo podría ser más útil para todas las personas a las que llegará. "Da el primer paso y el universo te seguirá", dicen, lo que significa que primero debemos ocuparnos de nosotras mismas, y el resto se irá acomodando.

Quizás tú también te hayas propuesto navegar por las vastas aguas del desarrollo personal y el marketing de emprendimiento *online* en algún momento, buscando incesantemente lo mejor y más efectivo para vivir de tu pasión. Es aquí donde estas palabras encuentran su raíz: nuestro nivel de conciencia evoluciona con la práctica y el trabajo interno, y este crecimiento repercute positivamente en nuestras relaciones y vocaciones.

En la era de las nuevas tecnologías y profesiones emergentes, todo parece cambiar a una velocidad vertiginosa. Es entonces cuando tus decisiones y estados emocionales se convierten en brújulas esenciales para adaptarnos a estos cambios. La mentalidad que tengas debe alinearse con los anhelos más profundos de tu ser, aunque a veces te sientas perdida en la avalancha de información y métodos para llegar a ese punto de equilibrio con el que sueñas.

Pero para poder avanzar es fundamental que pongas el foco en desarrollar tus habilidades únicas, manteniéndote auténtica y receptiva a las oportunidades que surgen a tu alrededor. Solo así podrás vivir una vida plena y satisfactoria, conectada con tu verdadero propósito. Déjame decirte algo: todas recibimos sugerencias y consejos, pero lo que funciona para una puede no ser lo mejor para otra. Cada camino es único y lo que realmente marca la diferencia en nuestras decisiones presentes y futuras es, a menudo, algo que no siempre se ve a simple vista.

Tu tiempo y energía son tesoros demasiado valiosos para desperdiciarlos. El presente es la punta del iceberg de cualquier proyecto vital en el que te involucres. Ser tu mejor versión es esencial, pero ¿cómo saber qué versión es esa? A veces, perseguimos varios objetivos que parecen no estar conectados. Aquí es donde "estar conectada" cobra un significado más profundo, que va más allá de tu profesión y toca algo más grande.

Muchas veces, lo que nos hace felices no es lo que hacemos para ganarnos la vida. Estamos en una revolución motivacional, entendiendo que aquello que nos aporta salud y bienestar es lo que deberíamos hacer. Pero, ¿cómo lograrlo cuando pasamos la mayor parte del tiempo y esfuerzo en trabajos que solo pagan las facturas y no alimentan nuestras pasiones?

Este es el gran reto de este siglo. Algunas personas ya viven sus sueños, trabajando en lo que aman y usando sus habilidades, aunque esto a menudo viene con desafíos inesperados y constantes dudas. Porque ya te lo he dicho antes, pero el miedo es indestructible. La clave es convertirlo en un compañero de viaje más y no dejar que sea tu dueño y señor, que no te defina.

En mi caso, lo que me permitió seguir adelante y vencer al miedo fue mantener un estado positivo de energía. Cuando mis fuerzas flaqueaban, recurría a herramientas energéticas que me ayudaban a seguir. Aquí, te presento algunas de esas herramientas, mi flotador de salvavidas en los momentos más difíciles, cuando la tormenta se desata y amenaza con hacerme naufragar.

Antes, te confesaré algo: incluso a la hora de crear y creer en este libro sobre la autoconfianza, he enfrentado dificultades económicas y problemas de pareja que han puesto a prueba mi propia confianza. A pesar de planificar cuidadosamente y seguir adelante con todas mis responsabilidades y compromisos, he aprendido que la paciencia, la constancia y la perseverancia son esenciales para mantener la fe en aquello en lo que realmente crees.

Permíteme darte un ejemplo. En este mundo lleno de posibilidades, puedes pasar de ser científica a artista, e incluso conciliar ambas profesiones sin que esto sea incoherente con tu identidad profesional. Pero, ¿qué pasa cuando no tienes claro tu propósito de vida y realización personal? La pregunta, entonces, es: ¿dónde buscamos y cómo llegamos a conclusiones claras?

Muchas veces, lo que sentimos no coincide con la realidad. O eso parece, a priori, ya que, como hemos visto, son estos sentimientos nacidos de las raíces de nuestro árbol interior lo que crean nuestra realidad. Somos únicas, y desde nuestra experiencia personal creamos nuestra propia obra de arte para contribuir al mundo con sabiduría mental y emocional.

Cada persona tiene sus propios recursos internos para alcanzar esa realidad, y solo cuando llega su momento perfecto, dará los pasos necesarios para encontrarse a sí misma y descubrir sus verdaderos valores y experiencias de vida. De aquí nace la sabiduría y la autoconfianza, y la certeza de que solo lo que crees que es posible puede hacerse realidad.

Así ocurrió en mi vida y sigue ocurriendo. Durante muchos años, la creencia de que siempre puedo mejorar me ha acompañado y sigue haciéndolo, pero ahora en una escala diferente. Desde pequeña fui una niña adaptativa, con un rico mundo interno que pocas veces se asomaba al exterior. Mi mayor deseo era satisfacer las expectativas de aquellos que amaba, para así sentirme aceptada y reconocida por lo que realmente era. Podría decirse que lo que más anhelé desde niña fue el amor incondicional, y esa búsqueda se convirtió en el motor de mi vida. Este profundo "PARA QUÉ" guio todas mis decisiones, desde mis relaciones de pareja hasta la elección de mi vocación como psicóloga y mis estudios posteriores en terapias alternativas en el campo de la salud y el bienestar.

Esta búsqueda me llevó por diversos caminos, desde cambios significativos en mi carrera hasta mudanzas y nuevas relaciones personales y familiares. Todo con la misma intención: encontrar mi propia aceptación y reconocimiento en mis capacidades. Sentía que tenía mucho que ofrecer al mundo, y con el tiempo, encontré personas que realmente se beneficiaron de mi experiencia personal y profesional.

En especial, encontré mujeres que, como yo, sentían la necesidad de poner su experiencia al servicio de los demás para mejorar el mundo y ocupar su verdadero lugar profesional con independencia emocional. Estas mujeres, aunque aún no reconocían plenamente sus talentos, comenzaban a vislumbrar su inmenso potencial.

Y es que la abundancia y la prosperidad nacen de la autoconfianza en nuestros recursos internos, esos que nunca nos abandonan ni nos rechazan porque son parte esencial de nuestra identidad. No te apresures a reconocer tus talentos y habilidades. Cuando llegue el momento adecuado y estés lista para recibir la abundancia que mereces por tus esfuerzos y dedicación, conocerás con claridad y determinación tu propósito de vida y, a largo plazo, tu misión.

En mi caso, así fue. Estoy abierta a compartir contigo todas las dudas y consultas que mi historia pueda suscitar. Comencé a entender la influencia emocional y mental del lenguaje en la autoestima y la confianza desde la infancia. Con el tiempo, desarrollé mi intuición y visión gracias a mi gran empatía y sensibilidad energética. Posteriormente, añadí cualidades artísticas como la decoración, la pintura y la escritura, aplicándolas tanto en mi hogar como en mi profesión.

Mi misión de vida incluye contribuir al consumo y protección del medioambiente, promover la salud natural y elevar la consciencia de las personas y del planeta. Creo firmemente en el poder del pensamiento y las emociones positivas para despertar el propósito de vida y fomentar la abundancia espiritual y material en integración. Es por ello que decidí escribir este libro, con el más sincero interés en ayudar a sus lectoras a encontrar su propio camino hacia la autoconfianza y la realización personal.

Espero de corazón que este libro te sea de gran provecho y disfrute. Estoy aquí para ti, siempre para lo que necesites. Te esperaré con los brazos y la mente abiertos, lista para ofrecerte lo mejor de mí.

Las relaciones deben ser un faro para no perdernos al navegar

¿Y qué pasa cuándo ya has encontrado y alimentado el amor propio? Lo primero es que nunca debes dejar de nutrirlo y cuidarlo. Amarte a ti es la base para amar a los demás. Sin lo primero no es posible lo segundo, no de forma plena y honesta, al menos. Y es que las relaciones de pareja están íntimamente ligadas a la autoconfianza y autoestima. Las dinámicas de apego emocional y la búsqueda de independencia juegan un papel muy importante en cómo nos relacionamos con nosotras mismas y con el resto. Cuando descuidamos nuestras propias necesidades y asumimos cargas ajenas, comprometemos nuestro crecimiento personal y nuestra energía, repeliendo todo lo positivo que el universo quiere darnos.

Una pareja debería ser un apoyo que te permita brillar naturalmente, sin esfuerzo. Ese faro luminoso que, sin deslumbrar, te guía con suavidad hacia tu mejor versión. En su presencia, cada día es una oportunidad para ser genuinamente tú, sin máscaras ni temores. Al estar a su lado, sientes una paz profunda, un reconocimiento sincero de tu esencia. Es esa persona que te anima a seguir tus sueños, que celebra tus logros y te sostiene en tus caídas. Su amor es un reflejo del tuyo, potenciando tus fortalezas y abrazando tus debilidades con ternura y comprensión. En sus ojos, ves el reflejo de tu luz más brillante, esa que a veces olvidas que llevas dentro.

No se trata de depender el uno del otro, sino de apoyarse mutuamente en un delicado equilibrio. Sus palabras de aliento son el eco de tus aspiraciones más profundas, y su presencia, un recordatorio constante de que mereces amor y felicidad.

Cada relación en tu vida, ya sea de pareja, amistad o familiar, te ofrece una lección sobre confianza, amor propio y autoestima. La clave está en vivirlas desde la aceptación y la sabiduría práctica. Este enfoque me ha permitido darme el permiso de perdonarme por lo que no hice y reconocer cómo esas experiencias me han llevado a crear una vida más rica en autoconocimiento y en independencia emocional y financiera. Así, las relaciones, en lugar de ser una carga, se convierten en un atajo hacia tu propio horizonte y destino.

Tú eres tu mayor proyecto de vida

Todo esto nos lleva a un único punto: considerarte a ti misma como el proyecto de vida más importante. Al hacerlo, no solo te ayudas a sanar y crecer, sino que también beneficias a las personas cercanas, actuando con una energía positiva que te impulsa hacia la libertad y el empoderamiento personal.

Querida amiga, el propósito de vida es esa llama interna que guía tus acciones y decisiones, la manifestación de tus pasiones, valores y aspiraciones más profundas. Encontrar el propósito puede no ser fácil, pero es una búsqueda que da sentido a cada vuelta del planeta.

El propósito de vida y las relaciones saludables están profundamente conectados. Cuando estamos rodeadas de personas que nos apoyan y nos aman, nos sentimos más seguras para explorar nuestras pasiones y perseguir nuestros objetivos. Estas relaciones nos brindan la confianza y el coraje necesarios para superar obstáculos y mantenernos enfocadas en lo que realmente importa. Al mismo tiempo, vivir alineadas con nuestro propósito beneficia nuestras relaciones. Nos volvemos más auténticas, más presentes y capaces de amar sin reservas. La pasión y la satisfacción que derivamos de seguir nuestro propósito se reflejan en la calidad de nuestras interacciones, creando un círculo virtuoso de crecimiento y bienestar.

Para cultivar relaciones saludables y encontrar tu propósito de vida, es esencial practicar la autocompasión y la autoaceptación. Debes aprender a valorarte, reconocer tus fortalezas y aceptar las imperfecciones. Solo así podrás conectar genuinamente con los demás y descubrir lo que realmente te motiva. Así, amiga mía, en la unión natural de las relaciones saludables y tu propósito de vida, encontrarás la verdadera esencia de una vida bien vivida. Es en este equilibrio donde hallarás la paz interior, alegría duradera y satisfacción profunda. Que siempre te rodees de personas que te inspiren y ayuden, y que encuentres el coraje para dejar latir con toda su fuerza a tu corazón.

Quizá ha llegado el momento de que reflexiones sobre en qué punto te encuentras en tu vida, tanto personal como profesionalmente. Por este motivo, he preparado un breve test que creo que puede ayudarte a visualizar fácilmente tu situación actual para que detectes en qué aspectos debes enfocarte con más urgencia. Puedes acceder a él a través del siguiente enlace:

https://esc.anea.me/mipuntodencuentro

Cada paso que das hacia la realización de tu propósito de vida, cada acto de amor y compasión hacia ti misma, fortalece la red de relaciones que te sostiene y nutre. Así, querida amiga, al priorizarte y abrazar tu esencia, te conviertes en una fuente de inspiración y transformación. Que cada día sea una celebración de tu valía, y que la luz de tu propósito brille con intensidad, iluminando un mundo que necesita de tu autenticidad y amor.

Te espero en las siguientes páginas donde te hablaré del arte de la presencia y su importancia en tu bienestar. Queda solo un paso para comenzar la mayor y más grande de las historias que jamás vas a vivir: el viaje hacia tu nueva vida. ¿Me acompañas?

Capítulo 11

EL ARTE DE LA PRESENCIA

"Tú, tanto como cualquier otra persona en el universo entero, mereces tu amor y afecto".
Buda

Cinco cualidades fundamentales para que la semilla de la autoconfianza germine

Piénsalo. En el silencio íntimo de tu existencia, cuando el ruido del mundo se apaga y te quedas a solas con tus pensamientos, surge una verdad simple y profunda: la necesidad de estar presente para ti misma. Como el sol que se eleva cada día sin falta, aprende a iluminar tu ser con constancia, cada día, elevándote. Se trata de un acto de amor, de una canción compuesta por notas de viento, brisa, amanecer, pasión y ganas de vivir, de latir y alzarte sobre cualquier adversidad. Quieta, en medio del ojo del huracán de la cotidianeidad, escuchando la voz de tu espíritu, firme y tenaz. Estar presente para ti misma es abrazar tu propia compañía, aceptando las cicatrices y curando las heridas, celebrando cada pequeño triunfo. Porque solo cuando estás verdaderamente presente para ti misma, comienzas a entender el inmenso valor que aportas al universo.

Entre las olas y arrecifes de palabras y papel que estamos compartiendo, has explorado el delicado y poderoso arte de la presencia en ti misma. Este viaje, guiado por la energía de la autoconfianza, ha sido un proceso de transformación profunda, en el que cada paso dado te ha acercado más a la auténtica expresión de tus cualidades emocionales y mentales. Al igual que las flores de Bach, que suavemente guían la energía hacia un estado de mayor equilibrio, has aprendido a vibrar en una sintonía que resuena con la fuerza del universo. En esa vibración, se abre un campo magnético a tu alrededor, atrayendo hacia ti las infinitas posibilidades que el cosmos tiene guardadas para ofrecerte: confianza, amor, valentía, y una inteligencia compasiva que te conecta con lo mejor de ti misma y de tus relaciones.

En ese vaivén sobre la superficie de un mar a veces embravecido, otras tormentoso, pero finalmente límpido, brillante, calmo y tan azul que dan ganas de gritar fuerte de alegría al cielo del mismo color, has conocido dos potentes remedios. El sistema de chakras, en armonía con la meditación y el poder sanador de las flores de Bach, te ofrece la llave para equilibrar tus energías y dirigirlas hacia tus más profundos deseos. Cuando mente y corazón se alinean, se desata una corriente poderosa que te impulsa a manifestar cada talento, desplegando tu abundancia espiritual y viendo florecer esa prosperidad en nuestra vida material. Este es el verdadero arte de la presencia: estar aquí, enraizada en tu propósito, permitiendo que tu viva esencia se exprese plenamente y contribuya a cada latido del mundo.

Cada una de nosotras tiene un propósito que, como una semilla, espera florecer a lo largo de nuestra vida. Este propósito es dinámico, evoluciona y se transforma en sintonía con nuestra capacidad de dar, recibir y mantener el equilibrio en nuestras vidas. Por eso, cultivar la presencia en nuestro día a día no es solo un acto de cuidado personal, sino una forma de enriquecer nuestras interacciones con los demás, de compartir y disfrutar en comunidad. Y en este acto de estar presentes, la gratitud emerge como la oración más pura y efectiva, una vibración que el universo reconoce y responde, devolviéndonos más de aquello por lo que agradecemos.

La búsqueda de la liberación emocional y mental no es un camino para aislarnos, sino para acercarnos a nuestra autenticidad, para poder estar plenamente presentes en la vida sin las máscaras del miedo o la autodefensa. Esta búsqueda ha sido el motor de este libro, un camino hacia una vida donde la autoconfianza no solo te libera, sino que te permite inspirar y elevar a otros.

Los remedios florales enseñan a ver el mundo desde esta nueva perspectiva, donde la energía de la autoconfianza se convierte en el pilar sobre el que se construye la realidad. Cada acción que tomas, cada decisión, es una oportunidad para expandir las alas de la confianza y superar los límites que tú misma te has impuesto. Rompe cadenas. Basta de vivir de rodillas ante el miedo y la tristeza. Repítelo cada mañana, cada anochecer. Eres lo mejor que te ha pasado nunca y mereces toda la riqueza que el universo tiene guardado para ti en cada una de sus aristas, solo tienes que aceptarla. Y, luego, si es tu deseo, poner al servicio de los demás lo que has aprendido y vivido no solo como un acto de generosidad, sino una forma de alcanzar la maestría en aquello para lo que has venido a este mundo.

Para ello, existen cinco cualidades fundamentales que preparan el terreno fértil con el fin de que la semilla de la autoconfianza germine y florezca.

La primera de todas, la libertad intuitiva, es esa fuerza sutil que reside en lo más profundo de tu ser. Una chispa que enciende el fuego de tu alma, esa llama que brilla recordándote que nunca dejaste de ser libre, que la libertad sigue en tu interior, que nada puede hacerte vivir de rodillas si no lo permites. Ese es el poder de la intuición. Y a medida que confías en ella, descubres que todas las respuestas que anhelas ya están en ti, conectándote con el amor puro y el flujo incesante de la vida.

La intención consciente, por otro lado, es la brújula que dirige tu existencia. No puedes forzar los resortes del universo para que las cosas sucedan a tu manera, pero sí puedes crear una vibración que alinee tu vida con tus más profundos deseos. Esta vibración comienza a atraer hacia ti lo que necesitas. Es la disposición, esa actitud de apertura y flexibilidad, la que permite que las cosas fluyan sin esfuerzo. Al dejar de lado la obstinación y abrirte a decir sí a la vida, permites que una nueva visión de ti misma emerja entre la niebla, una visión fresca y llena de posibilidades, como la mirada inocente de una niña que ve el mundo por primera vez.

La entrega es quizás la expresión más pura de la confianza en el proceso de la vida. Consiste en abrirse por completo a lo que venga, dando permiso para que la vida se exprese a través de ti. Al igual que una flor que se despliega al amanecer confiando en que el sol la nutrirá, tú te entregas al próximo capítulo de tu viaje, aunque el camino sea incierto. Como el rosal que sabe que sus flores llegarán en el momento justo, o el manzano que espera pacientemente a que sus frutos maduren, te entregas con fe y paciencia, soltando las preocupaciones y restricciones que te limitan, permitiendo que cada etapa de tu vida florezca con su propio tiempo y belleza.

La disciplina, a menudo malentendida como un rígido control, en realidad es el arte de mantener un delicado equilibrio. No se trata de dominar cada aspecto de tu vida para evitar problemas, sino de aprender a fluir con el ritmo natural de la existencia. La vida es un río en constante movimiento y la verdadera disciplina radica en navegar sus corrientes con serenidad y confianza, sabiendo que no todo puede ser controlado. Al practicar la disciplina con este entendimiento, eres capaz de ver con claridad lo que es mejor para ti en cada momento, avanzando hacia tus objetivos con firmeza pero sin rigidez.

Finalmente, la gratitud es la llave que abre las puertas de tu corazón, revelando la abundancia que ya te rodea. Es mirar la vida con ojos nuevos, apreciando cada don, cada pequeño milagro que se te ha concedido. La gratitud transforma tu perspectiva, invitándote a centrarte no en lo que te falta, sino en todo lo que ya tienes. En su práctica constante, la gratitud enriquece tu vida de maneras profundas e inesperadas, expandiendo tu capacidad de recibir aún más bendiciones. Así que gracias, de corazón, por estar leyendo estas páginas, por creer en ti misma y por aceptar el desafío de soñar, amar y desear sin reservas. Gracias.

Siente tu propia presencia

Pero el corazón no solo bombea sangre, y el espíritu no vive únicamente de esperanza. La ley de la atracción, esa que dice que todo cuanto existe a tu alrededor vibrará en la frecuencia que tú vibres, no funciona si no la complementas con la ley de la acción. Debes actuar, caminar hacia el lugar en el que quieres estar, moverte, ser tu propia energía motriz y avanzar. ¿Cómo? A través del pensamiento positivo, de la creatividad. Diciendo sí a la vida y tomando partido en ella. Actuando. Abrazando el arte y tu propia presencia.

Y cuando hablo de arte, no me refiero a una disciplina encorsetada, o a que de pronto te conviertas en pintora o escritora si no es lo que te llama. Lo que te digo es que las personas necesitamos medios para expresar lo que sentimos y, a menudo, nos negamos a sacar lo que llevamos dentro de una manera creativa porque el aluvión de injerencias sociales es abrumador. Trabaja en lo que sea. Sé productiva. No pares. No emplees tiempo en ti misma. Ni en pensar. Tic-tac. Vamos. Ya lo harás otro día. O, mejor, déjalo. No lo hagas nunca. Sigue machacándote. Sigue repitiéndote que no puedes, que no eres capaz. Pero no pares. Venga. Venga. Vamos... Así es imposible, ¿verdad?

Por eso es tan necesario que sientas tu propia presencia. Que te detengas un instante, que te bajes de ese tren bala que no te permite reflexionar sobre qué sientes, qué quieres, qué sueñas. Eso es lo que yo denomino el arte de la presencia, y es básico para lograr todo cuanto deseas.

El arte como forma de expresión de todo cuanto sientes

Antes de seguir explorando tu presencia en este mundo frenético, ruidoso y, demasiadas veces, gris como el cemento, déjame hablarte del arte en general. Porque el arte es una danza entre lo visible y lo invisible, un puente que conecta el alma con el mundo tangible. Es la voz que nace desde lo más profundo de tu ser, expresando aquello que no puedes decir con palabras simples. A través del arte, te encuentras y te pierdes en un mismo gesto, revelando los deseos, sueños y esperanzas más íntimos. Es un espejo donde se reflejan las verdades más crudas y las fantasías más hermosas.

Cuando te sumerges en el proceso de crear, el arte se convierte en un canal por el cual fluye tu esencia. Cada trazo, cada nota, es una confesión silenciosa, una declaración de lo que eres y lo que aspiras a ser. En ese espacio, entre la creación y la contemplación, se halla, para mí, una libertad absoluta. El arte es, en su forma más pura, una expresión creativa que trasciende el tiempo y el espacio, capturando tus emociones, ideas y percepciones en un instante eterno. Es como pintar con los colores del alma, dejando que el lienzo se convierta en un testimonio de tu existencia.

Pero el arte no es solo la creación de belleza. Es también una exploración, una búsqueda incesante de significado en un mundo que a menudo parece carente de él. A través del arte, descubres nuevas formas de ver y experimentar la vida. Innovar y romper con lo establecido es parte de su esencia. Es en la originalidad y en el desafío de las normas donde el arte encuentra su poder transformador.

El arte es también un lenguaje, una forma de comunicación que trasciende las palabras y se arraiga en lo cultural. Cada acción artística es un mensaje, una historia que espera ser contada. Las pinturas rupestres, por ejemplo, son mucho más que simples dibujos: son narrativas que han cruzado los siglos, hablándonos de las vidas, creencias y luchas de aquellos que nos precedieron. Es a través del arte que una cultura habla, comparte sus tradiciones y mantiene vivas sus raíces.

No es contemplación pasiva, también es acción y reflexión. Un espejo que te enfrenta a los obstáculos más atemorizantes de tu camino, para que los derrotes y cures tus heridas. El arte, en su capacidad sanadora, te permite explorar y procesar tus emociones más profundas. En la terapia artística, por ejemplo, yo encontré una vía para sanar, para poner en el papel, en la arcilla, en la música, aquello que duele y, al hacerlo, liberarme. Y es que la libertad creativa te permite explorar sin miedo al juicio, sin preocupaciones por el resultado final.

El arte aparta las brumas para mostrarte que eres un ser complejo, lleno de matices, capaz de soñar, de amar, de luchar y de sanar. No hace falta que te definas como artista, ni que ahora tengas que enfocarte profesionalmente al arte (o sí, si es lo que deseas, tú decides). Pues yo te hablo del arte como la necesidad expresiva del ser humano, para que busques la vía que te ayude a conocerte y a filtrar los detritos de una realidad que no siempre es dulce. Busca tu forma de expresión. ¿Te sientes bien al escribir en un papel? No hace falta que escribas un libro ni una novela, tan solo escribe. Disfruta del placer de expresarte, sin más. ¿Bailas? Pues baila al son que marquen tus pies y tu corazón. Regálate. Crea y recréate. En esta manifestación constante de tus deseos, sueños y esperanzas es donde encontrarás tu verdadera esencia. Y es ahí, en ese espacio sagrado de creación, donde finalmente te encontrarás a ti misma en toda tu complejidad y belleza.

Date permiso para vivir plenamente

La presencia es mucho más que simplemente estar en un lugar. Estar presente para una misma significa sumergirse en el aquí y el ahora, sintiendo cada momento con total plenitud, reconociendo la importancia de tu existencia en cada latido, en cada respiración, en cada acción que realizas.

Imagina por un momento el peso de tu cuerpo, el contacto de tus pies con el suelo y la conciencia de tu respiración. Esta es la presencia física, el acto simple pero poderoso de habitar tu espacio en el mundo. Estás aquí, existes en el plano físico, tu ser tiene un impacto en el universo, deja una huella. Sin embargo, la presencia física no es solo estar en una reunión de trabajo o caminando por la calle. Al contrario, se trata de sentir cada paso, cada movimiento, como una afirmación de tu existencia.

Aunque estar presente físicamente no es suficiente. La verdadera presencia surge cuando te permites sentir completamente, no solo con tu cuerpo, sino también con tu mente y espíritu. La presencia mental y emocional es ese compromiso total con el momento, donde cada pensamiento y emoción están alineados con lo que está sucediendo a tu alrededor. Es escuchar a alguien hablar, no solo con los oídos, sino con todo tu ser, sin que la mente divague hacia preocupaciones futuras o recuerdos pasados. Es estar tan inmersa en la conversación que sientes cada palabra resonar dentro de ti, conectándote profundamente con la otra persona y contigo misma.

Pero la presencia no se detiene ahí. Se extiende al *mindfulness*, a esa conciencia plena del ahora. Es cerrar los ojos, sentir el ritmo de tu respiración y dejar que el mundo se disuelva mientras te centras en el presente. No hay ayer, no hay mañana, solo este momento, tan puro y real. Este estado de presencia en el aquí y ahora es donde resides en tu forma más auténtica, libre de expectativas y juicios, donde solo existes en la totalidad del presente.

Y mientras te sumerges en este estado de conciencia, te das cuenta de tu presencia social. Se trata de estar verdaderamente con ellos, compartiendo tu energía, tu tiempo, tu ser. Es participar en una conversación, no solo con palabras, sino con tu presencia completa, dejando que los demás sientan que estás realmente ahí, comprometida y conectada. Es la diferencia entre hablar y comunicar, entre estar y ser.

Pero la presencia va aún más allá, trascendiendo lo físico y lo social para tocar lo espiritual. Esa conexión con algo más grande que tú, una presencia energética que sientes en el aire, en la tierra, en el latido colectivo de la vida que te rodea. Es estar en sintonía con el universo, sentir su energía fluir a través de ti y saber que formas parte de un todo más vasto e infinito. Durante una meditación profunda o una práctica de yoga, sientes cómo tu espíritu se expande, conectándose con la esencia del mundo en un estado de armonía y paz que trasciende la comprensión.

La presencia se manifiesta también en momentos de liderazgo, cuando tu ser se alza para guiar a otros. Esto no es solo dar órdenes o dirigir, sino inspirar con tu energía, con la fuerza de tu carácter. Es sentir la responsabilidad de ser un faro para los demás, no desde el poder, sino desde la autenticidad y la claridad. Cuando estás presente como líder, cada palabra que dices, cada decisión que tomas, está impregnada de tu ser, inspirando confianza y determinación en quienes te rodean.

Incluso en el mundo digital, la presencia juega un papel muy importante. No es solo tener un perfil en redes sociales o una página web. La presencia aquí es más cómo te representas, cómo interactúas y cómo dejas que tu esencia se transmita a través de las pantallas. Es la capacidad de conectar con los demás, incluso en la distancia, y hacer que sientan tu presencia real y auténtica.

La presencia, en todas sus formas, es un recordatorio constante de la importancia de ser consciente de ti misma, de estar presente para ti misma. Es un acto de amor propio, de reconocimiento de tu valor y de la importancia de tu existencia. Porque cuando estás presente para ti misma, te das permiso para vivir plenamente, para sentir profundamente, y para ser auténticamente quien eres. Y en ese estado de presencia descubres que el verdadero poder de tu ser reside en la simple, pero profunda, capacidad de estar aquí, ahora, completa y verdaderamente contigo misma.

Deja de buscar afuera y vuelve la mirada hacia adentro

La presencia y el arte son dos caras de la misma moneda. Ambos conceptos, tan vastos y profundos, son esenciales para entender la experiencia humana en toda su complejidad y belleza. Y es en esa fusión donde surge la verdadera autoconfianza, la autoestima que brota de reconocer quién eres en tu esencia más pura.

Como ya hemos visto más arriba, el arte te permite comunicarte con el mundo, pero también contigo misma. La presencia, por otro lado, te ancla al momento, a la realidad de tu existencia, tanto física como espiritual. No solo se trata de que estés aquí, en este instante, sino sentirlo en cada fibra de tu ser, siendo consciente de quién eres, de esa chispa interior que te hace única.

Cuando se fusionan el arte y la presencia, se revela que la autoconfianza no es simplemente una cuestión de reconocer tus habilidades y talentos, sino una expresión de una verdad que trasciende lo físico y lo emocional. Es el reflejo de tu ser más íntimo, de esa parte que va más allá de lo que se ve o se toca. La manifestación de tu conexión con el universo. La energía que te hará llegar hasta donde quieras y necesites. Porque esa que eras antes se te queda pequeña, sus ideas, su mundo y su perspectiva de cuanto sucede y por qué, ya no te representa. Una nueva tú despierta.

Y la nueva mujer que eres no ignora la voz de su espíritu. Sin ella, las expresiones se vuelven superficiales, efímeras. Pero ahora estás presente para ti, estás aquí para sentir. Y tienes medios para alcanzar el destello de tu estrella que parpadea sin fin. Remedios, como las flores de Bach, que te ayudan a sintonizar con tu verdadera energía. Y ahora, el arte de la presencia que te guía hacia una vida más auténtica.

Emociónate y siente, pero no te dejes definir por el miedo. Trasciende las limitaciones de tu mente y los sentidos. Es en esa trascendencia donde encuentras la paz, la liberación de los apegos que atan al sufrimiento. Como decía el orador Mark L. Prophet, la respuesta que buscamos está dentro de cada una de nosotras. No necesitamos buscar afuera lo que ya poseemos en lo más profundo de nuestro ser.

Este es el mensaje más grande que puedo transmitirte: deja de buscar afuera y vuelve la mirada hacia adentro. Ahí, en ese espacio íntimo y sagrado, se encuentra todo lo que necesitas para vivir una vida plena y auténtica. Ser feliz no es una utopía, se trata de una realidad accesible para cualquier persona que esté dispuesta a reconocerla.

Reconocernos a nosotras mismas es tanto un derecho como una responsabilidad. Es un compromiso con nuestra esencia, con los valores que nos definen y nos guían. Y todo comienza con la letra A: **Autoestima, Autoconfianza, Amor Propio**. Son los pilares sobre los que construimos nuestra vida, los cimientos de nuestra presencia en el mundo.

Cuando afirmas "yo soy valiente, segura, compasiva e inteligente", estás sembrando las semillas de una realidad nueva. Aunque al principio no lo creas, estás reprogramando tu mente, enviando señales a cada célula de tu cuerpo. Y poco a poco, esas palabras se convertirán en tu verdad, en la base de tus acciones y de tu vida. Cada día será una nueva oportunidad para crecer, para vivir con más plenitud y autenticidad.

Quítale la máscara al ego, deja atrás las ilusiones que te separan de quién eres realmente. Porque, al final, el arte de la presencia no es otra cosa que ser fiel a la mujer que te devuelve la sonrisa en el espejo.

Cuento de las Máscaras de la Personalidad

En un reino lejano, vivía una princesa llamada Sofía, cuya vida había sido esculpida en torno a la perfección. Desde su nacimiento, Sofía fue moldeada para ser impecable en cada aspecto de su existencia: la más inteligente, la más valiente, la más hermosa. Los cortesanos la admiraban, pero también le temían, pues la joven princesa había aprendido a ocultar sus inseguridades tras una impenetrable máscara de perfección.

Un día, un sabio viajero llamado Elías llegó al reino. Su fama le precedía: se decía que poseía una profunda comprensión de la naturaleza humana y la habilidad de ver más allá de las apariencias. Sofía, intrigada y a la vez escéptica, decidió invitar al sabio a su castillo.

—Sabio Elías —dijo la princesa—, he oído hablar de tus dones y me gustaría que me enseñaras cómo ser aún mejor de lo que ya soy.

Elías la miró con una sonrisa suave y respondió:

—Princesa Sofía, te invito a emprender un viaje conmigo. Durante este recorrido, quizá descubras algo que no esperas.

Aunque Sofía estaba acostumbrada a controlar cada situación, aceptó la propuesta, movida por una curiosidad que escondía una pequeña esperanza de encontrar un significado más profundo en su vida. A la mañana siguiente, ambos partieron hacia las montañas que custodiaban el reino.

Tras varias horas de caminata, llegaron a una cueva envuelta en un misterio antiguo. Elías le entregó a Sofía una lámpara y le dijo: —Entra en la cueva y observa lo que encuentras. Pero ten cuidado, esta cueva tiene el poder de mostrarte las máscaras que llevas.

Sofía entró con cautela. Al principio, la cueva parecía común, pero pronto empezó a ver reflejos de sí misma en las paredes húmedas y oscuras. Cada reflejo mostraba una versión distinta de ella: una Sofía con una máscara de valentía, otra con una de inteligencia suprema, otra con una belleza inalcanzable.

Cada máscara representaba una parte de la identidad que Sofía había construido para protegerse y ser aceptada. Pero con cada paso, sentía el peso de estas apariencias, la agotadora lucha por ser algo que no era en realidad.

De repente, uno de los reflejos habló con una voz suave pero firme:

—¿Por qué llevas estas máscaras, Sofía? ¿A quién intentas engañar?

Las lágrimas brotaron de los ojos de Sofía mientras respondía:

—No quiero que la gente vea mis inseguridades y debilidades. Temo que no me acepten si descubren quién soy realmente.

El reflejo, con compasión en su tono, le dijo:

—Las máscaras del ego solo ocultan tu verdadera esencia y te alejan de la paz interior. Solo cuando te atrevas a quitártelas, encontrarás tu verdadero yo.

Con una mezcla de temor y resolución, Sofía comenzó a despojarse de las máscaras, una por una. Con cada máscara que caía, sentía una liberación profunda, una conexión más genuina con su ser. Cuando finalmente salió de la cueva, Elías la esperaba.

—¿Qué has descubierto, princesa? —preguntó el sabio.

—He descubierto que durante mucho tiempo he ocultado mi verdadero yo detrás de máscaras —respondió Sofía, con una nueva claridad en su voz—. He comprendido que no necesito ser perfecta para ser valiosa. Mi verdadera fuerza reside en aceptar y mostrar quién soy realmente.

Elías asintió con serenidad.

—Ese espejo refleja más que tu apariencia, Sofía. Refleja lo que has estado buscando fuera de ti: tu verdadera esencia. El ego te ha hecho creer que eres lo que logras y cómo te perciben los demás. Pero tu verdadero poder y esencia están dentro de ti, no en las opiniones externas.

Sofía guardó silencio, sumida en la reflexión. En los días siguientes, comenzó a observar sus pensamientos y emociones con una nueva perspectiva, dándose cuenta de cómo su ego la había controlado. Inició una práctica de meditación e introspección, buscando en su interior la fuente de su verdadero ser.

Con el tiempo, Sofía descubrió una paz y una confianza que jamás había experimentado. Su valor ya no dependía de sus logros ni de la aprobación ajena, sino de su propia aceptación y conexión con su esencia. Aprendió a apreciar sus capacidades innatas y a confiar en su poder interno.

—Esa es la mayor lección, Sofía —dijo Elías con sabiduría—. La autenticidad y la vulnerabilidad son las verdaderas fuentes de poder. Cuando te quitas las máscaras del ego, encuentras tu verdadera esencia y te conectas de manera más profunda con los demás y contigo misma.

Sofía regresó al castillo con una nueva perspectiva. Comenzó a vivir con autenticidad, permitiéndose ser vulnerable y aceptando sus imperfecciones. Sus súbditos notaron el cambio y empezaron a respetarla no solo por su perfección, sino por su humanidad y compasión.

Y así, Sofía se convirtió en una líder amada y respetada, no por las máscaras que solía llevar, sino por la verdad y la autenticidad que ahora compartía con su pueblo. Había encontrado su verdadera esencia y, en el proceso, se había liberado de las cadenas del ego.

La joven princesa, antes esclava de la perfección, había descubierto el poder que residía en su interior. Y así vivió una vida plena, guiada por la sabiduría y la compasión, irradiando una luz que inspiraba a todos a su alrededor a buscar su propia verdad interior.

Después de interiorizar este relato sobre el sabio Elías y la princesa Sofía, yo me pregunto: ¿Y si el verdadero éxito y mayor logro de la existencia del ser humano fuese sentir, aprender a sentir, a aceptarse en toda la luz de la plenitud de su Ser, y para ello, el punto de partida es infinitamente posible.

Quizás el mayor miedo que tenemos es a ese éxito, porque, una vez más, debemos aprender a ser coherentes y confiables, sobre todo para nosotros mismos, y la confianza es esa única flor que cada uno y una teje con el hilo dorado de su propia vida.

Ha llegado el momento de crecer y vivir en armonía con la persona más importante de tu vida

Déjame decirte que no solo tú has cambiado en este viaje que hemos compartido. Durante todo el proceso de escritura de este libro he llegado a comprender que la verdadera fortaleza reside en la humildad de pedir y recibir ayuda cuando más lo necesitamos, y en la valentía de compartir nuestros logros y aprendizajes con los demás. La paciencia y la confianza son las llaves que te ofrezco en estas páginas, para que abraces cada desafío con amor y esperanza.

A partir de ahora recuerda que cuando las cosas no salen como esperas, cuando el camino se vuelve oscuro y las fuerzas flaquean, puedes elegir entre dos caminos. Con la tristeza en el alma, ríndete y confórmate, entrégate a un papel de víctima, convencida de que has hecho lo suficiente, aunque en tu corazón sepas que no ha sido así. O puedes mirar de frente a la adversidad, analizar la situación con la mente y el corazón abiertos y dar lo mejor de ti misma, confiando en que el momento presente es sagrado, que todo se alinea en el tiempo perfecto.

¿En cuál de estos caminos deseas estar? La decisión siempre ha sido y será tuya. No hay fuerza externa que pueda decidir por ti.

Persevera y no permitas que el miedo te diga lo que tienes que hacer. Conecta con el universo y ábrete a recibir toda la abundancia que mereces. Cree y crea. Confía en ti. Trabaja por lo que quieres. Ámate para amar con plenitud. Sonríe. Baila. Abraza la naturaleza. Acaricia tu corazón. Eres libre. Eres única.

Hemos llegado hasta aquí, juntas. Espero de corazón que cada una de mis palabras hayan encontrado un hogar en tu interior. Aunque este libro termina, puedes seguir contando conmigo a través del siguiente enlace:

https://esc.anea.me/francis_contacto

No estás sola en esta travesía hacia un futuro mejor.

Eres capaz de todo cuanto te propongas.

Ha llegado el momento de crecer y vivir en armonía con la persona más importante de tu vida:

Tú misma.

CONTENIDO ADICIONAL

A través del siguiente enlace podrás acceder a contenido extra y otros recursos que te ayudarán a seguir avanzando hacia tus propias metas.

¡Tú construyes tu propio futuro con tu presente!

https://esc.anea.me/francis_adicional

Aquí puedes descargar el Audiolibro,
leído por la autora totalmente gratis

https://esc.anea.me/mujerluz_audiolibro

Puedes encontrar más información sobre la actividad profesional de la autora Francis González en:

https://esc.anea.me/mujerluz

Si te gustó este libro, déjame tu comentario/reseña en Amazon. Para mí tu opinión es muy importante.

Entra en el enlace en función de tu país.

Muchas gracias

Amazon.com / Amazon.es (España) / Amazon.mx (México)

Made in United States
Orlando, FL
05 November 2026

90229880R10173